W0313011

Dietmar Findling

Botschaft der Bäume

Dietmar Findling

Botschaft der Bäume

ein keltisches Baumorakel

KOSMOS

Keltischer Baumkreis 42

Vorwort

Ich liebe die Bäume. Sie bergen das Geheimnis und die Magie des Lebens. Schon in meiner Kindheit entdeckte ich, dass man durchaus von den Bäumen leben kann – zumindest hatte ich immer genug Obst zu essen. Die Mirabellen-, Apfel-, Pfirsich-, Birnen- und Walnussbäume erinnern sich bestimmt noch an meine täglichen Lausbubenbesuche, bei denen ich in ihren Zweigen lag und es mir gut gehen ließ. In meiner Jugend waren es die vielen Wochenenden, die ich allein mit Büchern, manchmal auch mit Freunden in den Wäldern des Schwarzwaldes verlebte. Ganze Tage verbrachte ich im Sommer und während bunter Herbstwochen lesend auf sonnenüberfluteten Lichtungen. Ich betrachtete die vielen bewaldeten, wunderschönen Landstriche als meine Heimat. Als Schreiner eröffnete sich mir später das „innere" Wesen der Bäume. Ich lernte die unglaubliche, mannigfache Farbigkeit und Vielfalt der Hölzer und ihre Eigenschaften kennen.

Sie kennen sicherlich dieses harmonische, ausgeglichene Gefühl nach einem langen, ausgedehnten Spaziergang. Sie fühlen sich eins mit der Natur und der Welt und stark genug, allen Herausforderungen Ihres Lebens gewachsen zu sein. Sie haben neue gewaltige Kraft geschöpft. Aber woher kommt diese unerklärliche Lebenskraft? Wer oder was gibt Ihnen das Gefühl, nach einem gewöhnlichen Spaziergang unbesiegbar zu sein?

Warum haben die Kelten und Germanen bestimmte Bäume verehrt und sie zu Heiligtümern erkoren? Warum stirbt in verschiedenen keltischen Mythen der Held, wenn eine Frucht, ein Tier oder ein Baum zerstört wird? Weshalb hat Zeus in der griechischen Sage die Schwestern des ungeschickten Phaethon in Pappeln verwandelt?

Worin besteht die geheimnisvolle Kraft der Bäume? Sind Sie bereit für dieses Geheimnis? Ja? Hervorragend! Denn dann haben Sie bereits den ersten Schritt in die Welt der Bäume getan und können nun den noch verborgenen Teil des Geheimnisses entdecken.

Die Botschaft der Bäume soll Ihnen dabei helfen, dieses magische Geheimnis der Bäume zu lüften. Sobald sich Ihnen das Tor zum Wesen der Bäume öffnet, erschließt sich Ihnen eine uralte Quelle der Kraft: Sie haben den Schlüssel zum Geheimnis der Bäume und zu sich selbst in der Hand.

Die mystische Frage lautet also: Wie kann ich das Wesen der Bäume für mich ganz persönlich nutzen? In der Box finden Sie ein Buch, vier Würfel, 24 Karten und ein Orakelbrett. Sie können dieses alles für sich als Ratgeber und Orakel nutzen.

In meinem Leben stellte ich immer wieder fest, dass es bestimmte Eigenschaften gibt, die uns ständig begleiten. Sie helfen uns weiterzukommen oder zeigen uns Lösungen und neue Aspekte auf. Wie konnte ich diese nun auch langfristig und wirksam in meinem Leben verwurzeln? Mir fehlte etwas, das ich nicht genau definieren konnte. Schließlich entdeckte ich, dass die Natur und insbesondere meine Begeisterung für Bäume und Holz wichtig für mich waren. Durch den keltischen Baumkreis wurde ich das erste Mal auf den Begriff „Lebensbaum“ aufmerksam. Dort findet eine Zuordnung der Bäume zu bestimmten Jahreszeiten statt. Ob der keltische Baumkreis tatsächlich von den Kelten stammt, wird noch zu klären sein. Jedenfalls wissen wir, dass die Kelten die Bäume wahrlich verehrten und sie ihnen im wahrsten Sinne des Wortes heilig waren. Die Bäume gaben ihnen eindeutige Hinweise für ihre Lebensweise. Viele dieser Zeichen erkennen wir heute nicht mehr, weil wir in einer anderen Welt, einer industrialisierten Umwelt wohnen. Leider gerät durch unsere heutige Lebensweise aber auch viel mündlich überliefertes Wissen, wie es die Landwirte und Bauern durch ihre tägliche Arbeit mit der Natur noch teilweise besitzen, in Vergessenheit.

Wir Menschen haben in den letzten Jahrzehnten beeindruckende Fortschritte in Medizin, Wissenschaft und Technik errungen. Durch immer schnellere Fortbewegungsmittel und elektronische Datenübermittlung hat eine Globalisierung stattgefunden. Der Ursprung, die Wurzeln und die Kraft, die unser Leben ermöglichen, liegen aber in der Natur. Dies müssen wir bei unserem hektischen und immer schneller werdenden Treiben stets berücksichtigen.

Dieses Baumorakel soll dazu beitragen, die Verbindung zum Naturverständnis und der Weltsicht der Kelten über die Natur und deren Wesen wieder herzustellen. So haben wir die Chance die Naturgesetze zu erkennen und zu verstehen. Die Kelten kannten die lebenswichtigen Energien der Bäume und nutzten sie. Durch ihre Verehrung und ihre angemessene Behandlung für die Natur und die Bäume erschloss sich ihnen die ständige Quelle des Lebens und sie erkannten die Mahnung, die Natur zu schützen und zu erhalten. Damit erinnern sie auch uns daran, nach welchen Prinzipien unser Leben funktioniert. Ich verbeuge mich in Ehrfurcht vor dem Wunder der Natur und des Lebens. Dieses Buch soll mithelfen das Tor zum Wesen der „anderen Welt“ zu öffnen. Aus diesen Gedanken heraus ist es entstanden.

Dank

Mein Dank gilt all jenen Menschen, die mich bestärkt und unterstützt haben, dieses Buch, meinen Lebenstraum, den ich seit meiner Kindheit träume, zu verwirklichen. Mein besonderer Dank gilt hier dem Kosmos Verlag, der mir zu Beginn der Partnerschaft sehr großes Vertrauen entgegenbrachte. Dieter Schäfer danke ich für seine Weitsicht dieses Buch einer breiten Öffentlichkeit zugänglich zu machen und für die Hilfe bei der Suche nach einem Verlag.

Mein Dank gilt aber vor allem jenen vielen Menschen, die mir manchmal kleine, unentbehrliche Teile in Form von Gedichten, Ideen, Anregungen, kritischen Anmerkungen, Gesprächen, Büchern, Briefen, das Lesen der ersten Manuskripte und Hinweisen bei den ersten praktischen Versuchen mit dem Orakel vermittelten. Durch sie wurde das Baumorakel erst in dieser Art und Weise möglich. Mein spezieller Dank gilt: Janet Heber, Bianca Hummel, Marita Schöne-Eichler, Otto Burger, Jürgen Wolf, Maik Nickel, meinem Vater, meinem Bruder Stefan und Gerhard Wechlin.

Bäume, Kelten, heilige Stätten

Für die Kelten waren die Bäume Mittler zwischen Himmel und Erde. Ihre tiefe Verehrung für die mächtigsten Pflanzen unserer Erde verband sie mit den ewigen Gesetzen der Natur. Fest in der Erde verwurzelt verbinden Bäume als Kinder des Lichts das Irdische mit dem Geistigen.

Bäume und Wald heute

Die Bedeutung der Bäume

Der Wald und die Bäume waren den innig mit der Natur verbundenen Kelten heilig. In Eichen- und Hainbuchenhainen verehrten sie ihre Gottheiten. Bäume und Wald waren ihre Lebensgrundlage, weil sie ihnen Schutz und Nahrung boten. Bäume waren darüber hinaus ein wichtiger Bestandteil des gesellschaftlichen Lebens der Kelten, denn in den Wäldern versammelten sie sich und weideten ihr Vieh. Diese enge, direkte Verbundenheit mit den Bäumen begründet sicherlich teilweise ihre uneingeschränkte Verehrung für sie.

Unser Leben hat sich durch Industrialisierung und technischen Fortschritt verändert. Heute ist der Wald für die meisten von uns lediglich einer der beliebtesten Orte, an dem sich Menschen in ihrer Freizeit aufhalten. Doch leider behandeln wir ihn nicht so, wie er es verdient und erwarten könnte; sein Zustand ist bedenklich. Ist uns ein wirkliches Bewusstsein für die Natur verloren gegangen?

Holz – ein wunderbarer Naturstoff

Die Bedeutung des Waldes ist dabei für uns so immens, dass weltweit spezielle Gesetze zum Schutze des Waldes erlassen werden. In Deutschland, einem Land, in dem einst die Kelten lebten, gibt es trotz hoher Industrialisierung noch relativ viel Wald: Knapp ein Drittel der Bundesrepublik ist bewaldet. Er hat eine unverzichtbare Funktionen für Wirtschaft, Natur und Gesellschaft und ist gleichzeitig Erwerbs- und Einkommensquelle. Dieser Wald produziert Tag und Nacht einen wertvollen, umweltfreundlichen, immer wieder nachwachsenden Rohstoff – das Holz.

Das natürliche Gleichgewicht

Als die Kelten in unseren Wäldern lebten, war das natürliche Gleichgewicht der Natur noch nicht beeinträchtigt. Erst als Folge der sich vermehrenden Bevölkerung wurde der Wald durch Rodung immer weiter zurückgedrängt. Dieser Prozess setzte sich bis ins ausgehende Mittelalter fort. Die Wälder wurden durch hemmungslose Holzgewinnung, die Nutzung als Waldweide und insbesondere durch die sich ausdehnenden Siedlungen so stark reduziert, dass Holz knapp wurde. Ganze Landstriche verödeten. In dieser Zeit wurden die ersten Richtlinien zu einer gewissenhaften Nutzung und zur Erhaltung des Waldes erlassen. Langsam wuchs das Bewusstsein dafür, dass nur soviel Holz genutzt werden darf, wie nachwächst. In der Folge ging man zu einer planvollen und kontrollierten Bewirtschaftung des Waldes über, aus der dann der sogenannte „Wirtschaftswald" entstand. Schon dieser Begriff zeigt an, wie sehr sich der Mensch der Industrialisierung und dem damit einhergehenden Wirtschaftsdenken anpasste.

Geheimnis und Wesen der Bäume und Pflanzen

Kinder des Lichts

Die Kelten verehrten aus ihrer besonderen Weltsicht heraus „ihre" heiligen Bäume. Sie besaßen ein tiefgreifendes Wissen über die Pflanzenwelt und Kenntnisse über deren Heilkräfte und Wirkungsweisen, die weit über unser

Vorstellungsvermögen hinaus gehen. Vermutlich hatten sie erkannt, dass Bäume und alle Pflanzen „Wesen“ sind.

Heute lässt sich wissenschaftlich belegen, dass Pflanzen über 18 verschiedene Arten von Umweltreizen wahrnehmen können. Pflanzen sind „Lichtgestalten“, deren erste Lebensformen 3,5 Milliarden Jahre zurückliegen. Das war zu der Zeit, als aus Erdspalten und Vulkanen noch Feuer- und Dampfsäulen stiegen und die Erdoberfläche kochendes Gestein war. Es waren unscheinbare Pflanzen, die zum ersten Mal Sauerstoff produzierten und dadurch das unglaublich vielfältige Leben auf der Erde ermöglichten. Sie begannen das Sonnenlicht für die Photosynthese als Energiequelle zu erschließen. Nach diesem lebensspendenden Licht richten Pflanzen zum Beispiel ihr Wachstum aus und es verleiht ihnen eine Art Zeitgefühl. Licht erlaubt es der Natur, immens viele Informationen gleichzeitig sowohl innerhalb eines Individuums als auch zwischen Lebewesen zu übertragen. Ausgestattet mit diesem universellen, alles umfassenden Kommunikationssystem der Natur, eroberten die Gräser, Blumen und Bäume die Erde in einem beispiellosen Siegeszug und prägen bis heute ihr Erscheinungsbild. Kein Wunder, dass viele Völker das Licht der Sonne verehrten.

Fest verwurzelt und doch wehrhaft

Wissenschaftler schreiben den Pflanzen weitere beachtliche Fähigkeiten zu. Sie können auf ihre Art sehen, riechen und fühlen. Pflanzen „kommunizieren“ auf andere Art und Weise mit der sie umgebenden Welt: sie „sprechen“ z.B. in einer Duftsprache, mit der sie Verteidiger anlocken, um sich unerwünschte Angreifer fern zu halten.

Pflanzen produzieren auch feinst dosiertes Gift oder Säure gegen Fressfeinde und dies nur, sobald es für das

Überleben notwendig ist. Manche Samen überdauern mehr als 100 Jahre in Sand und Erde, um genau im richtigen Augenblick zum Leben erweckt zu werden. Pflanzen sind empfindsam für Berührung. Sie schlingen sich bei Bedarf um neben ihnen wachsende Pflanzen oder Gegenstände. Mit diesem Tastsinn ist es ihnen möglich, Wind, Regen oder Berührung zu registrieren. Ihr Farbempfinden ermöglicht es ihnen, unter besonderen farblichen Bedingungen schneller und besser zu wachsen.

Die Sprache der Bäume

Besonders sensible und mit der Natur lebende Menschen empfangen sogar Botschaften von Bäumen und Pflanzen. Beispiele dafür sind Indianer, die mit traumwandlerischer Sicherheit Kräuter in der Wüste ausfindig machen, um mit ihnen Kranke zu heilen.

Auch Dorothy MacLean, eine der Gründerinnen des „Zaubergartens von Findhorn“, erhielt über einen längeren Zeitraum Botschaften von Bäumen. Im zauberhaften Findhorn-Garten an der nordschottischen Küste gedeihen auf kargem Sandboden überdurchschnittlich gutes Gemüse und Blumen, die dort eigentlich nicht wachsen könnten. Es heißt, dass die Begründer des Gartens diese Erfolge nur erzielen konnten, weil sie mit Naturgeistern und Feen in direkter Verbindung standen und von ihnen Anweisungen zur Pflege der Pflanzen erhielten. Die Pflanzen wurden so zum sichtbaren Beweis einer positiven, lebensbejahenden Lebensweise. Dorothy MacLean beschreibt den Geist der großen Bäume als umfassend und vornehm. Die Bäume, so sagt sie, betrachten uns Menschen als Jugendliche, die noch viel aus ihren Fehlern lernen müssen, um wirklich erwachsen zu werden. „Wenn wir die großen Bäume nicht bewahren, zerstören wir die Kraft der Erde. Sie nennen verschiedene Gründe dafür, einer der wichtigsten ist, dass sie gewisse Energien aus dem Kosmos empfangen, wozu nur große, alte Bäume in der Lage sind. Unser Planet ist ohne große alte Bäume nicht lebensfähig. Wir brauchen die speziellen Energien, die nur sie uns geben können." Bereits der griechische Philosoph Plato lehrte, dass die ganze Welt beseelt sei. Und für den Naturforscher Charles Darwin stand es außer Frage, dass Pflanzen Empfindungs- und Wahrnehmungskräfte haben. Das Wissen über diese Kräfte droht uns verloren zu gehen.

Pflanzen kommunizieren miteinander und bringen ein eigenes Wesen zum Ausdruck. Wie aber finden wir Menschen Zugang zum Wesen der Bäume? Kann man mit diesen Wesen Verbindung aufnehmen? Ja, jeder „normale" Mensch kann mit den Pflanzen auf eine spezielle geistige Art und Weise kommunizieren. Voraussetzung dafür ist, dass man den Pflanzen mit Offenheit und Liebe begegnet, so meint Dorothy MacLean.

Die Kraft der Gedanken

Mit einfachen Tests können Sie selbst feststellen, ob es Ihnen gelingt mit den Pflanzen zu kommunizieren. Über unsere Gedanken haben wir Einfluss auf Wachstum und Lebensdauer einer Pflanze. Ein Beispiel für so einen Versuch ist der Veilchentest von Dr. Henning von der Osten, beschrieben im „Der Ruf der Rose" von Dagny und Imre Kerner: Man nimmt zwei gleich große Veilchen und bewässert beide gleich. Nun wird das eine auf das Übelste beschimpft und das andere in den höchsten Tönen gelobt. Nach relativ kurzer Zeit sind die ersten Unterschiede zwischen den beiden Pflanzen sichtbar.

Die durch die Beschimpfungen „geschwächte“ Blume kann man nach Abschluss des Tests jemandem zur liebevollen Pflege geben und wird ein zweites Wunder der Natur erleben. Diese Pflanze wird noch kräftiger und schöner blühen als die andere!

Die Kelten kannten wahrscheinlich einige uns heute verschlossene Fähigkeiten der Bäume und Pflanzen und verehrten sie deshalb. Eichen- und Hainbuchenhaine sind noch heute lebendige Zeugen ihres Glaubens. Für sie waren die Bäume Wesen, die mit ihnen das Leben teilten. In „Der Zauber von Findhorn“ wird beschrieben, wie diese Wesenheiten sogar die Gestalt von Kobolden oder Naturgeistern annehmen. In Irland, wo man bis auf den heutigen Tag sehr eng mit der Religion und Lebensweise der Kelten verbunden ist, wurde eine Straße umgeplant, weil ihr vorgesehener Verlauf genau durch eine Pflanzengeisterbehausung geführt hätte.

Die Kelten

„Nichts haben die Druiden – so nennen die Kelten ihre Priester –, was ihnen heiliger wäre als die Mistel und der Baum, auf dem sie wächst, zumal wenn es eine Wintereiche ist. Schon an sich suchen sie Haine von Wintereichen auf, und sie verrichten keine heilige Opferhandlung ohne deren Blätter, so dass man meinen könnte, ihr Name käme aus dem Griechischen. Wenigstens betrachten sie alles, was auf dieser wächst, als Himmelsgabe und als ein Zeichen, dass dieser Baum von Gott selbst auserwählt sei. Man findet die Mistel aber nur selten auf ihr, und wenn man sie findet, wird sie mit großer Feierlichkeit geholt und vor allem am 6. Tage nach Neumond…" Plinius

Mystische Geschichte

Wenn wir nach der Herkunft der Kelten fragen, tappen wir noch immer weitgehend im geschichtlichen Dunkel. Nach Meinung verschiedener Forscher auf diesem Gebiet entwickelte sich das Keltentum inmitten einer Vielzahl prähistorischer Kulturen. Viele keltische Wanderbewegungen sind dokumentiert und man kann sich aufgrund dieser Überlieferungen einen Überblick verschaffen, in welchen Gebieten die Kelten lebten. Im Dubliner Trinity College liegen unschätzbar wertvolle Aufzeichnungen von Mönchen, die den alten Adelsgeschlechtern der Barden und Druiden angehörten.

Meist waren es griechische oder römische Geschichtsschreiber, die für uns unersetzbare, aufschlussreiche Berichte über die Kelten verfassten. Die Wissenschaftler sind sich nicht einig, zu welchem genauen Zeitpunkt die Kelten auf der geschichtlichen Bildfläche erschienen. War es 600 v. Chr. zur Latène-Zeit, benannt nach einem Schweizer Ort, weil dort die ersten keltisch-kulturellen Funde gemacht wurden? Oder war es doch die Hallstatt-Zeit, nach dem österreichischen Friedhof von 800 v. Chr. benannt, als das Eisen in Gebrauch war? – Die Kelten hatten eine exzellente Schmiedekunst entwickelt.

Große Gemeinsamkeiten mit indoeuropäischen Kriegergruppen, die in der Übergangsphase zwischen Kupfer- und Bronzezeit lebten, deuten auf Wurzeln um 2000 v. Chr. hin. Die Vermutungen gehen bis 4000 v. Chr.

zurück, weil dort Kelten die Steinkreise der Megalith-Kultur vorgefunden haben müssen. Diese jungsteinzeitliche Kultur verband sich, teilweise recht deutlich erkennbar, mit ihrer eigenen. Selbst die Frage, ob die Kelten ein Volk im heutigen Sinne, einzelne umherziehende Sippen, ein Stamm, eine bestimmte Rasse oder eher eine kulturelle, religiöse Gemeinschaft waren, wird unterschiedlich beantwortet. Heute finden wir vor allem in Irland und Schottland das lebendige Erbe einer faszinierenden, sich von allen anderen Kulturen deutlich unterscheidenden Welt- und Lebenssicht.

Ein hartes Leben

Auch wenn wir die Kelten heute mit einem etwas verklärten, vom esoterischen Trend angehauchten und getrübten Blick sehen, dürfen wir nicht vergessen, dass ihre Lebensbedingungen für unsere heutigen Verhältnisse unvorstellbar hart gewesen sein müssen.

Wie zu jener Zeit üblich, gingen die Männer auf die Jagd und die Frauen kümmerten sich um die häuslichen Belange und sammelten Kräuter. Die keltischen Frauen wurden lediglich 35 Jahre alt, ihre Männer hatten trotz der vielen Kämpfe eine etwas höhere Lebenserwartung von bis zu 40 Jahren.

Die Frauen waren bei den Kelten gesellschaftlich den Männern gleich gestellt und durften sogar Priesterinnen werden. Aus vielen überlieferten Sagen geht hervor, dass die keltischen Frauen, entgegen der Sitte anderer Völker, ihren Mann oder Geliebten selbst auswählten. Wenn dieser ihren Erwartungen nicht entsprach, ließen sie sich das Erbe auszahlen und suchten sich einen neuen Gefährten.

Die Beschreibung des griechischen Autors Diodoros gibt uns eine Vorstellung vom Aussehen der Kelten: Sie waren wesentlich kleiner als wir heute; durchschnittlich wurden die Männer etwa 170 cm und die Frauen 159 cm groß. Sie waren von schöner Statur, aber ihre Haut war fast weiß und weichlich. Ihre Haarfarbe war von Natur aus blond und wurde durch besondere Behandlung, etwa durch das Einreiben mit Kalklauge, hervorgehoben. Von dieser Behandlung wurden die Haare so dick, dass sie einer Pferdemähne glichen. Manche Männer rasierten sich, andere ließen den Bart wachsen.

Mutige Kämpfer

Wie aber waren die Kelten als Menschen? Was bewegte sie, und wodurch unterschieden sie sich von den anderen Völkern der damaligen Zeit?

Viele Quellen lassen vermuten, dass die Kelten eine ganz eigene Weltsicht hatten. Sie erscheinen uns als ein besonders rätselhaftes, mystisches Volk, das es zu entdecken und zu enträtseln gilt. Einen Hinweis auf ihre so andere Art der Umgangsformen gibt uns wiederum Diodoros: „Bei ihren Zusammenkünften sind sie kurz von Rede, sie sprechen in Rätseln und Andeutungen. Vieles drücken sie in Übertreibungen aus, wobei sie sich selber groß darstellen, die andern aber verkleinern. Sie drohen gern, reden hochfahrend und theatralisch. Sie sind in ihrer Kombinationsfähigkeit recht scharf und lernfähig."

Im Kampf versetzten sie schon durch ihren Anblick die Feinde in Angst und Schrecken. Sie kämpften meist nackt und schlugen mit ihren prunkvollen, meisterhaft geschmiedeten Bronze- oder Eisenschwertern um sich. Der sogenannte Torques, ein steifer, aus Bronze, Silber oder Gold gefertigter Halsring mit zwei kunstvollen, oft mit Tierköpfen verzierten Enden, verlieh den Kriegern besondere Tapferkeit und kultischen Schutz. Er machte sie Göttern ähnlich und erklärt ihre sonderliche Furchtlosigkeit vor dem Tod, der für sie lediglich den Übergang zur anderen Welt darstellte. In ihrer Vorstellung gab es ein selbstverständliches Weiterleben im Jenseits. Im „Walhalla", in der Anderswelt, lebte die unsterbliche Seele weiter.

Durch den Schutz der Torques wurde jeder einzelne Krieger zum Helden. Diese Heldenhaftigkeit, verbunden mit dem Glauben an ein Weiterleben, ließ die Grenzen zwischen Leben und Tod verschwimmen. Ihr sagenumwobener Angriffsgeist ließ sie weiterkämpfen, bis sie tot niederfielen. Ohne Furcht vor dem Tod kämpften sie selbst in aussichtsloser Lage weiter. Dies beschreibt Polybius eindrucksvoll in einem Bericht: „Als sie nun den von ferne Treffenden nicht zu vergelten im Stande waren, stürzten einige verzweifelnd und des widerwärtigen Kampfes überdrüssig wie rasend in den Feind und weihten sich freiwillig dem Tode."

Die Bedeutung der mündlichen Überlieferung

Wir sind bei der Enträtselung der keltischen Lebensauffassung auf griechische und römische Quellen angewiesen. Die Tradition der mündlichen Überlieferung hatte für die Kelten einen außergewöhnlich hohen Stellenwert, deshalb wurde von ihnen kaum etwas niedergeschrieben. Es gab sogar ein Verbot der obersten Druiden, den keltischen Priestern und Hütern des heiligen Wissens, die im Rang höher standen als der König, die keltischen Weisheiten aufzuschreiben. Dieses Verbot bestand, obwohl die Druiden der Schrift mächtig waren! Der Verzicht auf eine schriftliche Fixierung entspricht der keltischen Abneigung, die Dinge in eine feste Form zu pressen. Sicherlich hatte er aber auch eine Schutzfunktion, um das geheime Wissen, das sich die Druidenschüler in einer 20jährigen Ausbildung erwarben, zu bewahren und einem würdigen, speziell ausgebildeten Personenkreis vorzubehalten.

Die Druiden und das Geheimnis der Mistel

Obwohl die Druiden eine historisch bedeutende Machtposition im Zusammenleben der Kelten besaßen, ist nur sehr wenig über sie bekannt. Man weiß, dass sie ein sehr hohes Ansehen als Richter, Gelehrte der Astronomie, Wahrsager, Heilkundige, Naturkundige und als Priester genossen. Sie waren die Bewahrer des heiligen Wissens des Stammes. Der Begriff Druide setzt sich aus zwei Worten zusammen: „Dru“ bedeutet stark, „wid“ ist die Erkenntnis oder auch das Wissen. Dieser keltische Ausdruck hängt sehr stark mit dem keltischen Wort für Eiche zusammen. Druide können wir also auch mit einem „sehr Wissenden“ oder „sehr Weisen“ übersetzen.

Wegen ihrer Weissagungskunst und ihrer beeindruckenden, umfassenden Bildung waren die Druiden hoch angesehene Persönlichkeiten. Bei Versammlungen ergriff niemand vor ihnen das Wort. Sie hatten die letzte Entscheidung bei komplizierten und schwierigen Fragen des Rechts oder der sozialen Ordnung. Einmal jährlich versammelten sich alle Druiden an einem heiligen Ort, etwa in Hainen oder auf einer Waldlichtung, denn Bäume und Haine spielten im religiösen Leben eine herausragende Rolle. Dort wurden strittige Angelegenheiten beraten. Auch hier beugten sich alle, wurde man sich nicht einig, dem letzten Spruch des obersten Druiden.

Diodorus Siculus schreibt über sie: „Ferner gibt es Philosophen, die der Götterlehre kundig sind und in sehr hohem Ansehen stehen; man nennt sie Druiden. Auch hat man Wahrsager, denen man ebenfalls viel Ehre erweist. Sie sagen aus dem Vogelflug und aus der Opferschau die Zukunft voraus und haben das ganze Volk in der Hand."

Zu den Privilegien der Druiden gehörte es, mit einer goldenen Sichel den „alles heilenden" Mistelzweig von einer heiligen Eiche zu schneiden. Die Druiden müssen um die ordnende Heilkraft dieser rätselhaften Pflanze gewusst haben. Wie hoch die Mistel, die ein Symbol für das Leben nach dem Tod war, im Ansehen der Druiden stand, ist daran zu erkennen, dass sie die Pflanze den mächtigen keltischen Göttern Esus und Cernunnos weihten.

Mit dem Untergang der keltischen Kultur versank auch teilweise das Wissen um diese mystische Pflanze. Heute wird die geheimnisumwitterte Heilpflanze wieder, ganz an der keltischen Naturkunde orientiert, auf Eichenbäumen kultiviert, um ihre Krebs heilende Wirkung in der modernen Medizin als Mistelpräparat in Misteltherapien anzuwenden.

Das Jahr der Kelten

Der Rhythmus der Zeit bestimmt unser Leben: Tag und Nacht; Neumond und Vollmond; Ebbe und Flut; Frühling, Sommer, Herbst und Winter im ewigen Rhythmus. Wenn wir kein Kalendarium, keine Uhren hätten, würden wir uns zurechtfinden?

Die Kraft des Mondes

Der Mond bestimmt seit Urzeiten das Leben der Menschen. Seine Zyklen haben Einfluss auf nahezu alles Leben auf der Erde. Noch heute werden in bestimmten Gegenden Aussaat und Ernte nur im Einklang mit den Zyklen des Mondes vorgenommen. Der Monatszyklus der Frau wird vom Mond beeinflusst und das Wort Monat selbst hat seinen Ursprung beim Mond. Bei Ebbe und Flut bewegt der Mond die gewaltigen Wassermassen der Weltmeere. In Großbritannien gibt es einen Fluss, der unter der Kraft des Mondes zu bestimmten Zeiten rückwärts fließt. In einigen Ländern der Erde wird die Zeit immer noch anhand eines Mondkalenders bestimmt und berechnet.

Auch für die Kelten hatte der Mond eine große Bedeutung. Sie huldigten ihm mit Mondkulten und zahlreichen Mondsymbolen. Überliefert ist, dass ihnen der Mond für Rituale, Wahrsagung und Zeitberechnung elementar war. Er zeigte besonders ihren Druiden den richtigen Zeitpunkt für Riten und Opferhandlungen an. So brachten sie bei Vollmond Tier- und Menschenopfer dar. Aus dem Blut von Tieren aber auch menschlichen Opfern und speziell durch den Mond wahrsagten sie. Für das Schicksal der keltischen Stämme war es lebensnotwendig, dass etwa der Beginn der Aussaat, das Austreiben der Herden auf die

Das Jahr der Kelten wurde bestimmt durch die vier Hauptfeste und die wichtigsten Bäume: die Eiche (21.3.), die Birke (24.6.), den Ölbaum (23.9.) und die Buche (22.12.).

Weiden oder die Vorbereitung zu kriegerischen Handlungen nur an möglichst günstigen Tagen durchgeführt wurden. Ein unberechenbarer Sommer konnte zu Missernten führen oder den Verlust des Viehs bedeuten, ein kalter, strenger Winter eine Hungersnot.

Die Druiden, Astronomen der Natur

Die Druiden hatten sich in jahrelangem Studium exakte Kenntnisse über die Zyklen und Kräfte der Natur erworben, und nur sie konnten daher meist verlässliche Auskunft geben und die Geschicke des Volkes lenken. Die Kelten besaßen Kalender, die von ihren astronomiekundigen Druiden nach den Mondphasen berechnet und geführt wurden. Die Länge der Mondphasen bemaßen sie nach den Nächten. Das Sonnenjahr stimmt allerdings nicht genau mit den Zyklen des Mondes überein: Lediglich alle 19 Jahre fallen die Mondphasen auf das gleiche Datum. Um in Einklang mit Sonne und Mond leben zu können, harmonisierten sie durch komplizierte Zeitberechnungen Sonnen- und Mondjahr durch Schalttage oder ganze Schaltmonate. Verbreitet war ein keltischer Kalender mit 13 Monaten plus dem Tag der Wintersonnenwende als „Tag zwischen den Jahren". Daher rührt auch der Ausspruch seit „Jahr und Tag". Die Zeit zwischen den Jahren ist auch als Zeit der „Raunächte" bekannt.

Der berühmte Kalender von Coligny zeigt, wie präzise die keltische Astronomie war. Dort verbanden die Druiden Mond- und Sonnenkalender miteinander, die ja bekanntlich unterschiedlich gestaltet waren. Das in zwölf lunare Monate aufgeteilte Jahr passten sie dem Sonnenjahr an, indem sie alle drei Jahre einen Schaltmonat von 30 Tagen einschoben. Jeder Lunarmonat mit einer Länge von

29 oder 30 Tagen war – wie das Jahr – in eine dunkle und in eine helle Hälfte eingeteilt. Nach keltischer Tradition wurde nicht nach Tagen, sondern nach Nächten gezählt, weil der keltische Tag bei Sonnenuntergang mit der Nacht beginnt. Das Jahr begann mit der dunklen Jahreszeit, womit die Entstehung des Lebens aus der Nacht, dem Tod symbolisiert wurde.

Die keltischen Feste

Die Kelten teilten das Jahr entsprechend ihrer Vorstellung von der anderen Welt in vier Abschnitte ein. Dieser Jahreskreis bestimmte ihren Lebensrhythmus im Einklang mit der Natur und deren Gesetzen. Die natürlichen Wendepunkte der Jahreszeiten wurden durch die vier Hauptfeste des Jahres markiert und beruhten auf den Höhepunkten der landwirtschaftlichen Zyklen. Bei all diesen Festen spielte das Feuer eine sehr große Rolle. Es diente zur Reinigung, war Mittelpunkt bei bestimmten Riten und sollte die Kraft der Sonne unterstützen.

Samhain, Fest der Verbindung Für die Kelten begann das neue Jahr am 1. November, dem Beginn des Winters, mit dem Samhain-Fest, das auch den Beginn der dunklen Jahreshälfte markierte. Es symbolisierte den Beginn des Winters und den Jahreswechsel. Der Begriff Samhain selbst bedeutet „Vereinigung". Dieses Fest war allen Göttern und sonstigen Bewohnern der keltischen „Anderswelt“ gewidmet. Es war vor allem ein Toten- und Ahnenfest. Zu Samhain stand die Anderswelt offen, Vergangenheit und Gegenwart verbanden sich, die Geister der Ahnen wurden wach. Durch das rituelle Gedenken lebten sie im Geist weiter. Der Tod wurde zum Teil des Lebens und das Totenreich ein Teil der Welt, ohne den es kein Leben gibt. Beim Fest sollten die Lebenden Verbindung mit den Toten aufnehmen und sie besuchen, ähnlich unserem heutigen Allerseelen. Große Herbstfeuer wurden entzündet, um mit deren Wärme die Kraft der Sonne noch einmal zu verstärken. Dieser Brauch lebt heute in Halloween weiter. Mit der Herrschaft über das Feuer wurde auch der Schrecken vor der bevorstehenden winterlichen Kälte besiegt.

Am 22. Dezember ist der kalendarische, der eigentliche Winterbeginn. Es ist der Tag der Wintersonnenwende. Die Tage werden wieder länger. Das Ende der langen Nächte zeichnet sich ab. Noch ruht alles Leben in eisiger Kälte und unter einer Decke weißen Schnees. Pflanzen und Tiere befinden sich im energieschonenden Winterschlaf. Ab diesem Zeitpunkt werden die Tage wieder länger, die Sonne gewinnt an Kraft. Die Zeit der Freudentänze und großen Feuer, um der Sonne wieder Kraft zu verleihen, kündigt sich an …

Imbolc, Fest der Erneuerung Am 1. Februar feierten die Kelten den lang ersehnten Beginn des Frühlings, das Fest Imbolc, ein Fest der Erneuerung und Reinigung, der Geburt und Fruchtbarkeit, ein Hirtenfest, an dem die Schafe wieder Milch geben. Es ist die Zeit der Freudentänze und Freudenfeuer. „Imbolc“ bedeutet „das Anlegen der Lämmer”, oder „im Schoß“, weil die neugeborenen Lämmer in dieser Zeit wieder am Euter der Mutter saugen durften. Sinnbildlich ruht das neue Leben noch im Schoß der Erde, beginnt sich aber schon zu zeigen. Man erwartete und freute sich auf die Kraft der Leben spendenden Sonne.

Am 21. März ist Frühlingsanfang. Es ist die Frühjahrs-Tag- und Nachtgleiche. Tag und Nacht dauern jetzt jeweils exakt zwölf Stunden. Die Sonne geht genau im

Osten auf. Wärme und Licht öffnen mit Zauberhand die Knospen der Bäume und Pflanzen. Die Fotosynthese, die Grundlage allen Lebens, wirkt und tut ihre Wunder. Mit den ersten warmen Sonnenstrahlen treiben die Bäume ihre grünen, zarten Blätter aus. Das Wunder der Natur entfaltet sich in voller Pracht.

Beltaine, Fest des Anfangs Die zweite, die helle Hälfte des Jahres, begann für die Kelten mit dem Beltaine-Fest, das am 1. Mai gefeiert wurde. Dieses keltische Fest, das „leuchtendes Feuer“ oder „Feuer des Bel“ bedeutet, symbolisiert den Übergang vom Frühling zum Sommer. Es eröffnet die helle, warme Jahreszeit. Es ist ein Fest des Anfangs und der Reinigung und dem keltischen Gott Belenos geweiht. Das charakteristischste des Beltain-Festes war das Entfachen riesiger Feuer. Sie leuchteten mächtig auflodernd meist auf Bergkuppen oder Anhöhen. Die Götter sollten in dieser Zeit des Jahres besonders versöhnlich gestimmt werden, deshalb brachten die Kelten in den gewaltigen Feuern Menschen- und Tieropfer dar. Cäsar beschreibt in einem Bericht riesige Korbfiguren, in denen lebende Tiere und Menschen geopfert wurden. Zur Reinigung und zum Schutz vor Seuchen wurde dann das Vieh zwischen zwei Feuern hindurchgetrieben. Die beiden Feuer dienten aber auch dazu, Unglück, Krankheiten und alles Böse in der kommenden Zeit abzuhalten.

Traditionell wurden die Beltaine-Feuer durch einen Funken entzündet, der durch das Reiben an einem rotierenden Rad entstand. Dies deutet auf eine keltische Gottheit, Taranis, den Gott des Rades, hin. Das Feuer ist hier wie bei allen keltischen Festen ein irdisches Sinnbild der Sonne. Heute lebt dieses Fest im Aufstellen eines Maibaums weiter.

Dieser Baum ist zugleich Fruchtbarkeitssymbol. Eine weitere Tradition lebt heutzutage am Vorabend dieses Festes wieder auf: die Walpurgisnacht, das bekannte Fest der Hexen.

Der 21. Juni ist der kalendarische Sommeranfang, der längste Tag des Jahres; der Tag der Sommersonnenwende. Ab jetzt werden die Tage wieder kürzer. Nun reifen die Früchte heran. Die Sonne scheint mit voller Kraft und fördert Natur und Leben, lässt alles wachsen und gleichzeitig verbrennen. Bei der Forschung nach der Bedeutung der Sonne für die Kelten fallen zahlreiche Rad- und Kreissymbole und Abbildungen von Göttern mit Strahlenkränzen auf. Sie deuten auf die Sonnenscheibe als Sonnenzeichen hin. Sie stehen für das Leben oder für die Reise in die Anderswelt. Der keltische Sonnenkult beinhaltet Heilung und Fruchtbarkeit, Leben und Tod. Das Entzünden der Opfer- und Freudenfeuer ist mit der Sonne verbunden: Sie bringt Licht, Wärme, Leben und Tod; sie heilt und zerstört; sie kann durch ihre Hitze großes Heil aber auch großes Leid bringen.

Lughnasad, Fest der Ernte Am 1. August fand das Hauptfest der Kelten statt: Lughnasad, das Fest, an dem die Ernte der ersten Früchte gefeiert wurde. Es war das Fest zu Ehren des Gottes Lug / Lugos. Vermutlich war es dem Tod oder der Hochzeit des Lug gewidmet. Über einen Monat feierten sie auf groß ausgerichteten Festspielen. Jahrmärkte, Pferderennen und Verlobungen waren Bestandteil dieses Festes. Anlässlich dieses Festes schlossen die Eltern für Jungverliebte Heiratsverträge auf ein Jahr zur Probe. In dieser Nacht gezeugte Kinder würden in der warmen, hellen Jahreshälfte zur Welt kommen und damit gute Überlebenschancen haben. Sobald die Ernte eingebracht war, bereitete man die Erde auf die winterliche Ruhe vor und säte gleichzeitig neuen, jungen Samen. Ob er im Frühjahr aufgehen würde war der Natur überlassen. So war es dann auch Tradition, dass die Ehe auf Probe, sollte sie sich im Frühjahr in jeglicher Beziehung als unfruchtbar erweisen, wieder aufgelöst wurde.

Am 23. September ist Herbstbeginn. Zum zweiten Mal im Jahr sind Tag und Nacht genau gleich lang. Die Sonne steht direkt über dem Äquator und verliert in nördlichen Breitengraden spürbar an Kraft. Der Wald wechselt seine Farben und die Laubbäume verabschieden sich mit einem besonders schönen bunten Kleid. Die Bäume geben durch das fallende Laub dem Waldboden seine Nährstoffe zurück. Man bereitet sich auf lange, kalte Winternächte vor. Der Kreis des Jahres schließt sich.

Die meisten großen Kalenderfeste der Kelten wurden später zu Festen der Kirche umbenannt und im christlichen Sinne übernommen. Imbolc wurde der heiligen Brigit zugeordnet. Lughnasad übernahm man als Fest der ersten Ernte, das Erntedankfest. Samhain mit seinem Gedenken an die Ahnen wurde als Allerheiligen übernommen. Das keltische Wintersonnenwendfest wurde zu Weihnachten. Nur Beltaine am 1. Mai wurde nicht in den christlichen Kalender aufgenommen; es galt stets als ein heidnisches Fest.

Keltischer Baumkult und heilige Haine

„Wenn du einem Hain nahst, der mit alten, ungewöhnlich hohen Bäumen bestanden ist /.../, ruft das Geheimnis des Ortes /.../ in dir den Glauben an eine Gottheit wach."
Seneca, römischer Philosoph

Heilige Worte und Zeichen

Die Lebensanschauung der Kelten unterschied sich wesentlich von allen anderen Religionen und Glaubensrichtungen. Sie hatten eine hieroglyphenartige Schrift, und Symbole waren für sie im wahrsten Sinne des Wortes heilige Zeichen. Durch sie fassten sie die Elemente ihres Glaubens in Bilder und reduzierten sie auf kleinste symbolische Zeichen, deren Bedeutung und Zusammenhang untereinander teilweise nur ihnen verständlich war. Oft hatten diese Zeichen und Symbole sogar mehrere Bedeutungen. Das Runenalphabet, Münzenfunde und andere keltische Symbolträger, wie die in Stein und Holz geschlagenen Zeichen, zeugen von dieser Einmaligkeit.

Das gesprochene Wort hatte zwar nicht die Unverfälschbarkeit eines festgelegten Symbols, dennoch stand es bei den Kelten an oberster Stelle. Ihre Stammesgeschichten, ihren Glauben und ihre Weltsicht überlieferten sie mündlich von Generation zu Generation. Seit jeher haben die Menschen die gewaltige Kraft, die Worten innewohnt, für etwas Magisches gehalten. „Worte bezeichnen nicht nur Gegenstände, Namen, Gefühle, Tätigkeiten und Ereignisse, sondern sie übertragen in uns die volle körperliche und psychische Wirkung dieser Phänomene", stellt Cora Besser-

Sigmund in „Magic Words" fest. „Am Anfang war das Wort, und das Wort war bei Gott, und Gott war das Wort", diese Bibelstelle unterstreicht die mächtige Bedeutung des Wortes für den Menschen und sein Leben sehr eindrucksvoll. Hatten sich die Kelten, wie einige andere naturverbundene Völker auch, neben den Symbolen ebenfalls für eine mündliche Überlieferung ihres Wissens entschieden, weil sie wussten, das mit dem gesprochenen Wort auch die Kraft und Magie der Worte weitergetragen wird?

Mit dem Christentum und der Schriftsprache Latein gelang es zumindest teilweise, die bis dahin meist mündlich überlieferte keltische Lebenssicht in Wort und Schrift aufzuzeichnen. Ein eindrucksvolles Prunkstück stellt das „Book of Kells" dar. Es entstand wahrscheinlich im 6. / 7. Jahrhundert und zeigt die Vielfalt und meisterhafte Kunst der Kelten.

Baumheiligtümer und heutige Bräuche

Wie konnte es geschehen, dass der in den Kelten fest verwurzelte und offenbar zufriedenstellende Glaube einer anderen neuen Glaubensrichtung weichen musste und unterging? Dies war nur möglich durch Gewalt und geschickte Strategie: Christen und Römer schlugen mit der Axt die altehrwürdigen heiligen Bäume um, unter denen die Kelten zu ihren religiösen Riten und sozialen Versammlungen zusammentrafen oder sie brannten die ausgedehnten Eichen- oder Hainbuchenhaine nieder. Missionare und Soldaten nutzten die Anziehungskraft der Baumheiligtümer auf die Menschen für ihre Zwecke aus und verkündeten an diesen seit Jahrhunderten bekannten Versammlungsplätzen ihre eigene Religion und Politik. War der Protest des Volkes gegen diese Vereinnahmung so stark, dass ein Aufstand drohte, setzten die Missionare Marienbilder und andere

Insignien in die Baumheiligtümer, um so den „Heiden" das Umdenken zu erleichtern. Sogar ganze Kirchen bauten sie um die heiligen Bäume herum. In Schöneberg bei Ellwangen ist eine solche Kirche bis heute erhalten geblieben. Die Tanne, welche zuvor noch Magnet für den Wallfahrtsort war, wurde – bezeichnend für den gesamten Verlauf der Christianisierung – zu einem Kreuz umgeschnitzt. Auch in ihre Aushöhlung hatte man zur Zeit der Wallfahrten eine Marienstatue gestellt.

Unter dem sich immer stärker durchsetzenden Einfluss des Christentums entwickelten sich dann auch die bekannten Marienwallfahrten. In Wirklichkeit unternahmen die Menschen aber Baumwallfahrten, um ihren geliebten Bäumen und den darin verehrten Gottheiten zu huldigen.

Der Fruchtbarkeitskult findet sich im uralten Brauch des Schlagens mit der Lebensrute wieder. Mit Zweigen aus Hasel, Birke oder Eberesche schlugen Kinder andere Leute, z. B. Nachbarn, leicht auf den Körper, um eine Gabe ähnlich wie in heutiger Zeit bei Halloween oder St. Martin, zu erhalten. Dieses Ritual beinhaltete einen langen, über Generationen hinweg überlieferten Fruchtbarkeitszauber.

Ein anderer Brauch ist die Verehrung der Sonne. Unsere Tradition des Maibaums geht wohl auf den keltischen Licht- und Sonnengott Lugh zurück. Am ersten Maimorgen fällten die Jungen und Mädchen einen großen Baum, den sie sodann mit bunten Bändern und einem goldenen Ball schmückten, der die Sonne darstellte. Diesen Baum trugen sie anschließend zu den Neuvermählten des letzten Jahres, wo die Jungverheirateten einen weiteren Ball dazuschenkten. Bis heute hat sich die Tradition des Maibaumaufstellens fortgesetzt. Verehren wir immer noch unbewusst die Sonne bei diesem Brauch?

Beim Prozess der schleichenden Übernahme wurde manches Fest der Naturverehrung übernommen und zu einem christlichen Feiertag umfunktioniert. So entstand beispielsweise das uns heute bekannte und immer noch gefeierte Erntedankfest, in dem sich ein Teil des alten naturbezogenen Glaubens der Kelten erhalten hat.

Doch nicht nur in den Festen und Feiertagen lebt der Glaube und die Weltanschauung der Kelten sowie ihre Verehrung der Bäume weiter. Bereits im 16. Jahrhundert bemerkte der Maler Raffael nicht ohne Spott in einem Schreiben an Papst Leo die frappierende Ähnlichkeit der mittelalterlichen gotischen Dome mit versteinerten Wäldern. Ein weiteres Indiz sei auch der deutsche Spitzbogen, der sehr stark an die Wälder erinnere.

Die Zerstörung der geweihten Stätten, meist waren es Haine oder einzelne herausragende Bäume auf besonderen Plätzen, wurde von den Missionaren unbeirrt fortgesetzt, bis zum bitteren Ende im 18. Jahrhundert. Immer wieder forderten sie die „Heiden" auf, sich vom gotteslästerlichen Baumkult abzukehren. Ständig geht aus den Konzilien hervor, dass das Heidentum bei den Wurzeln gepackt und ausgerissen werden müsse. Der Kampf gegen das Heidentum war ein Kampf gegen die Bäume.

Bäume – die Tore zur „Anderswelt"

Wie aber entwickelte sich diese so starke Ehrerbietung der Kelten für die Bäume, die ihr gesamtes gesellschaftliches Leben prägte? Ein wichtiger Grund liegt darin, dass Bäume Heilmittel, Lebensmittel und Baumaterialien lieferten. Andere Motive muss man sicher im Verständnis und der besonderen Sicht auf das Leben und den Tod sehen. Leben und Tod waren für die Kelten eins. Der Tod war für sie nur ein anderer Zustand im Kreislauf des Lebens und gehörte zum Leben. Die Bäume fungierten als Vermittler zwischen Himmel und Erde – als Vermittler zwischen ihnen selbst und den Gottheiten, die sie verkörperten. Ihre Äste wachsen weit in den Himmel und suchen dort den Kontakt zum geistigen Reich. Ihre Wurzeln steigen tief in die Erde, in die andere Welt, hinab und suchen dort Halt. Man muss wissen, dass für die Kelten die „Anderswelt“ ein gleichberechtigter Bestandteil des Lebens auf dieser Seite war. Sicherlich verbanden sie mit den Bäumen, ob ihres teilweise majestätischen Alters, die Vorstellung von langem Leben und der Ewigkeit. An den Bäumen ist der ewige Zyklus des Lebens am deutlichsten und übers ganze Jahr nachvollziehbar. Sie verkörpern das Prinzip der stetigen Wandlung und Erneuerung der Natur im steten Kreislauf des Lebens. Die Bäume befruchten durch ihr Laub, ihren Samen und ihre Früchte die Erde. Wenn sie sterben, werden sie selbst wieder ein Teil der Mutter Erde, die ihnen erst ermöglichte zu wachsen und über viele Jahre, Jahrhunderte oder selbst Jahrtausende (Kiefer, Zeder) zu bestehen.

Der vermutlich älteste Baum der Welt ist ein eibennadliger Mammutbaum im Prairie Creek Redwoods State Park in Kalifornien. Sein Name: „Eternal God“. Nach der wissenschaftlichen Methode zur Altersbestimmung, der Dendrochronologie, bei der die Beschaffenheit der Jahrringe und des radioaktiven Kohlenstoffs im Holz festgestellt wird, ist dieser Baum 12 000 Jahre alt!

Der ewige Kreislauf

Die Sehnsucht nach Unsterblichkeit, diese Sehnsucht, die wahrscheinlich allen Menschen innewohnt, war wohl das Hauptthema des keltischen Glaubens, einem freien Glauben, der keine bestimmte Gottheit oder Götter vorschrieb. Jeder Kelte konnte glauben, an wen oder was er wollte. „... Während die Ägypter und Sumerer ihre Anstrengungen auf die Verwirklichung der Unsterblichkeit im ‘irdischen Stoff’ richteten, während der Christ sie durch Gnade und Verdienste zu erlangen trachtet, geht es dem Kelten erstmals in der Geschichte darum, die Unsterblichkeit der Seele als Naturgesetz, als Schöpfungstatsache nachzuweisen“, schreibt Lancelot Lengyel in „Das geheime Wissen der Kelten“. Die Kelten leugneten keineswegs den irdischen Tod; allein das unbedingte alleinige Vorhandensein des Irdischen bezweifelten sie. Dieses Gleichsetzen des Lebens mit dem Tod, des Lebens nach dem Tod mit einem Leben vor der Geburt, ist die keltische Vision eines ganzheitlichen Daseins, eines ewigen Kreislaufs. Der Fortbestand des Lebens ist durch die sich immer wieder erneuernde Natur gesichert, ja garantiert.

So entspringt das Leben dem Tod, der Tag geht aus der Nacht auf, der Frühling erwacht aus dem Winter. Das ist der Entwurf der Glaubensvorstellung der Kelten. Die Schöpfung vollzieht sich auch in der nächtlichen Finsternis, ebenso wie der Baumsamen bereits den Keim des Lebens in sich trägt und aus der Dunkelheit der ihn umgebenden Erde dem Licht entgegenstrebt. So betrachtet, ist das Reich der vermeintlich toten Seelen plötzlich alles andere als ein schrecklicher Ort, vielmehr voller Hoffnung, voller Leben und gegenwärtig.

Im Gegensatz zu den dogmatischen Religionen, die alles ganz genau zu wissen vermeinen, kennt die keltische Religion nur eine Gewissheit: die der Unsterblichkeit der Seele. Ist die „Anderswelt“ auch das Land der Toten, so ist sie es doch nicht ausschließlich. Sie ist auch „Mag Mell“, das „liebliche Gefilde“ und auch „Tir na n-og“, das „Land der ewigen Jugend“. Mit dem Abwerfen der alten Blätter im Herbst und dem neuen Austreiben der jungen, grünen Triebe im Frühjahr ist der Rhythmus des ewigen Lebens bereits in dieser Welt als Realität erkennbar und lässt einen Blick in die „Anderswelt“ zu. Auch das Reifen der Früchte und das Ernten deutet den Rhythmus des immerwährenden Erneuerns im Zyklus des Lebens an.

Heilige Haine – Quelle der Inspiration

Oft sind geweihte Bäume mit heiligen Quellen verbunden, die durch ihre heilenden Kräfte zu Wallfahrtsorten wurden. Heilige Bäume sind bei den Kelten vor allem Eiche, Birke, Buche, Apfelbaum, Weide, Haselnuss, Eibe und die oft zitierte Esche. Hier ist die berühmte Esche Yggdrasil aus der Edda zu nennen, der Weltbaum, der in der altgermanischen Dichtung aus dem 13. Jahrhundert beschrieben wird: „/.../ Eine Esche weiß ich, sie heißt Yggdrasil, die hohe, benetzt mit hellem Nass: von dort kommt der Tau, der in die Täler fällt, immergrün steht sie am Urdbrunnen /.../“, wird sie in „Der Seherin Gesicht“ beschrieben.

In den heiligen Eichen- und Hainbuchenhainen lehrten die Weisen der Kelten. Dort riefen sie die Stämme zu Versammlungen auf und feierten heilige Riten. Neben den religiösen, kultischen Zwecken hatten die Haine auch politischen Charakter. Unter ihnen versammelten sich die Kelten zu ihren Beratschlagungen. Diese Versammlungsplätze waren es dann auch, die zum Angriffspunkt anderer feindlicher Stämme wurden. Um einen Stamm empfindlich und tief in seinem Glauben und seinen Überzeugungen zu treffen und zu schädigen, brannten die Gegner den heiligen Hain des Feindes nieder.

Meist pflanzten die Kelten für ihre heiligen Haine Eichen, Eiben, Hainbuchen oder Ahornbäume. Manchmal stellten sie auch Holzstelen auf, sogenannte Xoananen, die möglicherweise Gottheiten darstellten. Manche Stämme pflanzten bestimmte Bäume, die sie besonders verehrten, um mit ihnen geweihte Riten zu vollziehen. Vielleicht verehrten sie in diesen Bäumen auch eine bestimmte Gottheit.

Ein wichtiger Beleg für die Bedeutung der Bäume ist das frühe „Ogham-Alphabet", das sogenannten Baumalphabet. Die Texte, die man mit diesem Alphabet verfasste, wurden in Stein gemeißelt oder auch in Holztafeln gekerbt. Das Ogham-Alphabet gibt die ersten Buchstaben der am meisten verehrten Bäume und Pflanzen wieder. Somit werden die Bäume auch eine Quelle der Inspiration. Kein Wunder, dass Druiden und Barden mit den Bäumen verbunden wurden. Es wird vermutet, dass das Holz auch beim Wahrsagen und Orakeln eine Rolle gespielt hat. Zahlreiche Eichen- und Hainbuchenhaine zeugen noch heute von dieser ehrfürchtigen Verbundenheit mit der Natur und seinen Geschöpfen.

Keltischer Baumkreis

Der keltische Baumkreis ordnet auserwählte Bäume bestimmten Zeiten zu. Erfahren Sie mehr über die mannigfachen Fähigkeiten und Kräfte, die uns durch die Bäume für unser tägliches Leben zur Verfügung stehen. Finden Sie einen Zugang zur Botschaft der Bäume.

Die Entstehungsgeschichte des keltischen Baumkreises

Der keltische Baumkreis besteht aus 21 Bäumen. Er wiederholt sich jährlich. Durch den natürlichen Rhythmus der Jahreszeiten und Mondzyklen ordneten die Kelten im Lauf vieler Jahre einigen Bäumen feste Zeiten und Anlässe zu. An diesen Tagen und Zeiträumen verehrten und würdigten sie dann die ausgesuchten Bäume. Vermutlich entstand so der keltische Baumkreis.

Vier Bäume waren den Kelten ganz besonders heilig. Diese erhielten an einem besonders markanten Tag einen Ehrenplatz in ihrem Baumkreis. Diese vier herausragenden Hauptbäume markieren den Wechsel der vier Jahreszeiten. So symbolisiert die standhafte Buche am 22. Dezember den Beginn des Winters, die starke Eiche am 21. März den Frühlingsanfang, die Licht liebende Birke am 24. Juni den Sommer und der dauerhafte Ölbaum am 23. September den Herbst. Besonders für die Kelten spielten die Bäume in ihrem stark naturverbundenen Leben in Europa eine zentrale Rolle. Wahrscheinlich pflanzten sie jedem ihrer neugeborenen Kinder einen persönlichen Lebensbaum, der diese ein ganzes Leben lang begleitete. Aus den Charaktereigenschaften und Fähigkeiten seines grünen Begleiters sollte das Kind in allen Lebenssituationen Kraft und Hilfe schöpfen können.

Der keltische Baumkreis und seine heutige Bedeutung

Woher kommt die Einteilung des Baumkreises in 21 Segmente? Warum sind ausgerechnet die vorliegenden Bäume ausgewählt, den keltischen Baumkreis zu repräsentieren? Überliefert ist aus der keltischen Geschichte ein „13-Segment-Rhythmus", der den Mondzyklen 13 Bäume zuordnet. Diese 13er Einteilung hat ihren Ursprung beim weit verbreiteten keltischen Kalender, der sich aus den Mondzyklen errechnete. Um Sonnen- und Mondjahr zu harmonisieren, fügten die keltischen Astronomen, die ehrwürdigen Druiden, den zwölf lunaren Zyklen einen 13. Monat oder alle drei Jahre einen Schaltmonat von 30 Tagen hinzu, um die Differenz zum vollen Jahr auszugleichen. Bekannt auch als die „Raunächte" zwischen den Jahren. Aus unserem Horoskop kennen wir die Einteilung des Jahres in zwölf Segmente, die je einem Sternzeichen zugeordnet sind. Weiter kennen wir die verschiedensten Horoskope anderer Völker, wie z.B. das chinesische Horoskop, das bestimmten Jahren ausgewählte Tiere zuordnet. Allen Horoskopen gemeinsam ist die Zuordnung von Charaktereigenschaften zum jeweiligen Zeichen, die dann auf die Menschen, die in diesem Zeitraum geboren wurden, zutreffen sollen. Täglich kann man sich dann sein „persönliches" Horoskop in den verschiedenen Medien wie Zeitung oder Radio vorhersagen lassen. Ob diese Vorhersagen zutreffen, sei dahingestellt. Auch kennen wir das Horoskop mit wissenschaftlichem Hintergrund.

Warum sollten die Kelten also nicht ein Horoskop gekannt haben? Der Baum bot sich für eine Zuordnung zu

Der keltische Baumkreis-Kalender

	von	bis	Baum	Porträt auf Seite	Orakel auf Seite
Januar		01.01.	Apfelbaum	79	136
	02.01.	11.01.	Tanne	81	137
	12.01.	24.01.	Ulme	83	139
	25.01.	31.01.	Zypresse	85	140
Februar	01.02.	03.02.	Zypresse	85	140
	04.02.	08.02.	Pappel	64	127
	09.02.	18.02.	Zeder	87	141
	19.02.	29.02.	Kiefer	90	143
März	01.03.	10.03.	Weide	93	144
	11.03.	20.03.	Linde	95	146
	21.03.		Eiche	52	119
	22.03.	31.03.	Haselnuss	55	121
April	01.04.	10.04.	Eberesche	57	123
	11.04.	20.04.	Ahorn	59	124
	21.04.	30.04.	Walnuss	61	126
Mai	01.05.	14.05.	Pappel	64	127
	15.05.	24.05.	Kastanie	66	129
	25.05.	31.05.	Esche	68	130
Juni	01.06.	03.06.	Esche	68	130
	04.06.	13.06.	Hainbuche	70	131
	14.06.	23.06.	Feigenbaum	74	133
	24.06.		Birke	76	134
	25.06.	30.06.	Apfelbaum	79	136

	von	bis	Baum	Porträt auf Seite	Orakel auf Seite
Juli	01.07.	04.07.	Apfelbaum	79	136
	05.07.	14.07.	Tanne	81	137
	15.07.	25.07.	Ulme	83	139
	26.07.	31.07.	Zypresse	85	140
August	01.08.	04.08.	Zypresse	85	140
	05.08.	13.08.	Pappel	64	127
	14.08.	23.08.	Zeder	87	141
	24.08.	31.08.	Kiefer	90	143
September	01.09.	02.09.	Kiefer	90	143
	03.09.	12.09.	Weide	93	144
	13.09.	22.09.	Linde	95	146
	23.09.		Ölbaum	97	148
	24.09.	30.09.	Haselnuss	55	121
Oktober	01.10.	03.10.	Haselnuss	55	121
	04.10.	13.10.	Eberesche	57	123
	14.10.	23.10.	Ahorn	59	124
	24.10.	31.10.	Walnuss	61	126
November	01.11.	11.11.	Walnuss	61	126
	12.11.	21.11.	Kastanie	66	129
	22.11.	30.11.	Esche	68	130
Dezember		01.12.	Esche	68	130
	02.12.	11.12.	Hainbuche	70	131
	12.12.	21.12.	Feigenbaum	74	133
	22.12.		Buche	99	149
	23.12.	31.12.	Apfelbaum	79	136

einem Horoskop in idealer Weise an, denn die Kelten, dies ist überliefert, verehrten die Bäume. Leider sind neben der 13-Segment-Einteilung keine historischen Quellen über ein keltisches Baumorakel bekannt. Die Kelten überlieferten sowohl ihr Allgemeinwissen als auch ihr geheimes Wissen nur mündlich und in einer sehr hoch entwickelten abstrakten Symbolsprache, die sich von der griechisch-römischen und der ägyptischen deutlich unterschied und leider bis heute irrtümlich als einfach und naiv bezeichnet wird. Diese Symbolsprache diente den Kelten allein zu symbolischen Zwecken, um ihre Vorstellungen und Gedanken zu vermitteln. Mit dem Aussterben dieses Volkes sind auch viele Hinweise und ein großes Wissen verloren gegangen.

Bei meinen Recherchen zum Baumkreis musste ich also meine Informationen aus „neuzeitlichen" Quellen schöpfen. Ich habe mich für den Baumkreis mit 21 Segmenten entschieden, um eine Brücke zwischen den Kelten und unserer heutigen Zeit zu schlagen, denn der Baumkreis mit 21 Bäumen entstand in neuerer Zeit. Außerdem beinhaltet die Zahl 21 die beiden für die Kelten bedeutsamen Zahlen Drei und Sieben. Die Drei bezeichnet die drei Seiten des Lebens: Geburt – Leben – Tod, aber auch Vergangenheit – Gegenwart – Zukunft. Die Sieben war die wichtigste Zahl für die Kelten, denn sie symbolisierte die „Anderswelt". Und das Dreifache der magischen Sieben ist eben die Zahl 21.

Anfang der siebziger Jahre erhielt die Kulturjournalistin Paule Delsole vom französischen Magazin „Marie Claire" den Auftrag einige alte Horoskope neu zu gestalten. Paule Delsole hat sich mit viel Fingerspitzengefühl in die Gedankenwelt und die Überlieferung der jeweiligen Völker hineingedacht und verschiedene Horoskope nachempfunden. So entwickelte sie auf der gesicherten Basis der Überlieferungen auch das „keltische Baumhoroskop", das einfühlsam die Gedankenwelt der keltischen Gallier und ihr Verhältnis zu den Bäumen aufgreift. Ob die Kelten tatsächlich für sich einen Baumkreis benutzten wie wir ihn heute kennen, wissen wir allerdings nicht genau.

Vermutlich auf der Arbeit von Paule Delsole basierend, entstanden in den folgenden Jahren die unterschiedlichsten Produkte rund um dieses Baumhoroskop, wie etwa der polnische Gartenkalender, der keltische Baumkalender und die keltischen Baumkreisbücher. In diesen Werken neuzeitlichen Denkens setzten die Autoren, ähnlich wie beim Horoskop der Tierkreiszeichen, die Bäume und die Menschen, welche in deren „Zeichen" geboren wurden, zueinander in Beziehung und bedachten sie mit bestimmten Charaktereigenschaften und Verhaltensweisen. So kann man z.B. im „Keltischen Baumkreis" von Michael Vescoli nachlesen, dass es Menschen, die im Zeichen der Eberesche geboren sind, drängt, „... die Welt zu verschönern und zu verbessern. Im Vordergrund stehen dabei die Beziehungen von Mensch zu Mensch, und je älter sie werden, desto entschiedener stellen sie sich in den Dienst ihrer Umwelt..." Das Zitat aus „Bäume lügen nicht" von Annemarie Mütsch-Engel gilt für Kiefergeborene: „Die Kiefer nimmt an vielem leicht Anstoß und gibt schnell auf. Deshalb wird sie viele bittere Enttäuschungen erleben, bis sie ihrem Ideal begegnet. Den entsprechenden Ausgleich findet sie immer in der Arbeit. Sie ist ein ausgezeichneter Organisator und ihre Mitmenschen vertrauen ihr." Hier wird versucht Charaktereigenschaften auf den Menschen zu übertragen. Der Baumkreis und das Baumhoroskop gehören mit ihren unterschiedlichen Interpretationen und Darstellungen in unsere Zeit. Sie können helfen, den Weg zu uns selbst zu finden.

In den verschiedenen Ausführungen der Horoskope tauchen ganz unterschiedliche Bäume auf. Es gibt, da kein eindeutiger Ursprung vorhanden ist, keine Richtlinie, auf die man sich beziehen könnte, außer der von Paule Delsole. Dies hat zu Diskussionen unter den Autoren geführt, welches nun die richtigen Bäume seien, die im Baumhoroskop vertreten sein müssten. Die Kelten können vermutlich die Zeder noch nicht gekannt haben, wurde sie doch erst im 16. Jahrhundert in Europa angepflanzt. Durch einen schlichten Übersetzungsfehler geriet sie in Baumhoroskope unterschiedlicher Verfasser. Auch ich habe mich für die Zeder entschieden. Sie soll als Symbol der neuen Zeit und als Verbindung zwischen der Vergangenheit der Kelten und unserer Gegenwart dienen.

In diesem Buch steht der Baum für sich. Er ist ein Lebewesen und war vor uns Menschen da und wird uns auch überdauern. Mit Hilfe des Baumorakels können Sie auf der Suche nach Antworten neue Aspekte erkennen oder bestimmte Situationen in einen anderen Licht sehen, Unbewusstes ins Bewusste holen, mit Fragen und Antworten die Zukunft gestalten und voraussehen. Dies ist die Aufgabe des Orakels. Ihr Lebensbaum nach dem keltischen Baumkreis kann Ihnen ein Begleiter durchs Leben sein und Sie an Ihren Ursprung, die immerwährende Lebenskraft der Natur, erinnern.

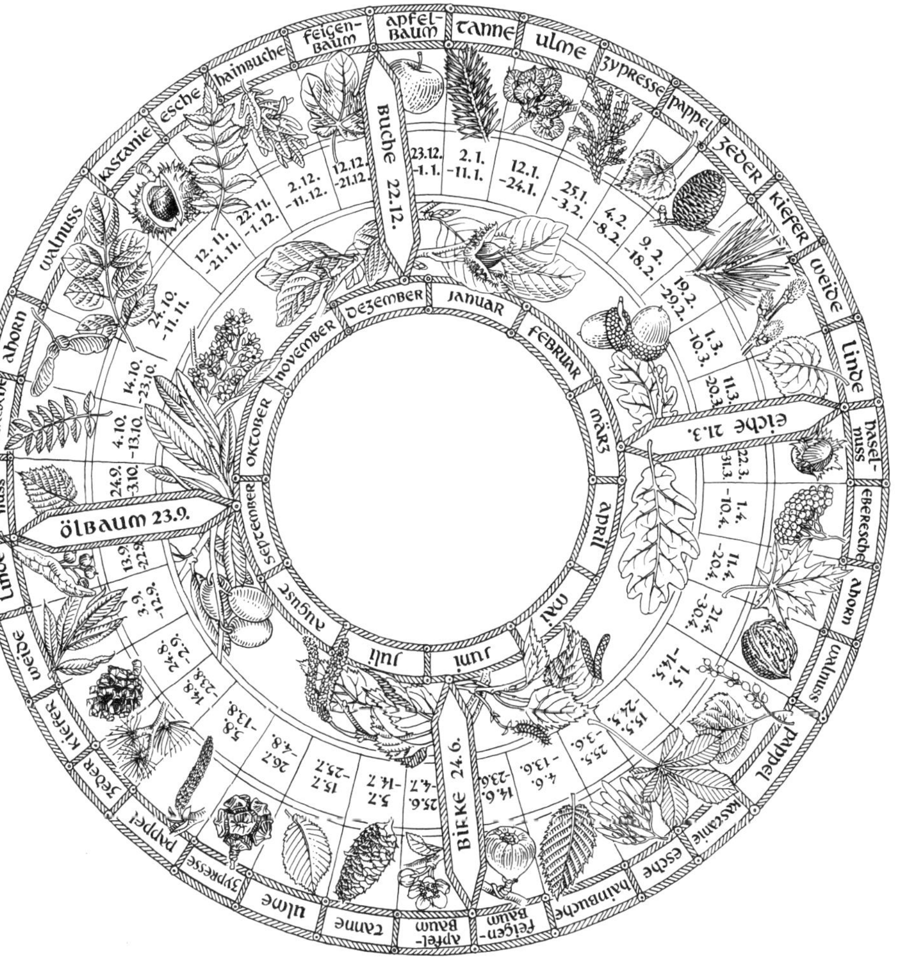

Suchen Sie den Zeitraum mit Ihrem Geburtsdatum und stellen Sie so fest, welcher Baum Ihnen als Lebensbaum zugeordnet wurde.

Die Bäume des Baumkreises

Im Folgenden werden die Bäume des Baumkreises vorgestellt, beginnend mit der Eiche, die ihren Platz am 21. März hat. Manche Bäume sind zwei oder sogar drei verschiedenen Zeiten zugeordnet. So ist z.B. die Haselnuss vom 22.3. bis zum 31.3. und vom 24.9. bis 3.10. zu finden.

Die Eiche

Ich, die starke Eiche, bin kräftig und mächtig. Mein Leben dauert viele hundert Jahre. Ich sah deshalb viele eurer Generationen heranwachsen und im Lauf der Zeiten wieder verschwinden. Ihr erkennt mich an meinem starken Stamm und meiner hoch angesetzten, manchmal eigenwillig unregelmäßig geformten Krone. Meine gelappten, rundlich eingebuchteten Blätter sind euch wohlbekannt und ein vorzügliches Erkennungsmerkmal. Ich behaupte mich fast überall und bin äußerst robust. Meist bilde ich mit meinen Brüdern riesige Haine oder ich wachse, wenn ich allein und ohne Einschränkung stehen kann, zu einem mächtigen Baum heran. Meine Heimat haben ich und die rund 450 Arten meiner Familie „Quercus" in Asien und Europa sowie in Nordanatolien. In Deutschland sind wir lediglich durch ein paar Arten vertreten. Ihr bezeichnet uns hier als Trauben-, Stiel-, Rot-, Zerr- oder Steineiche.

Ihren Platz im Baumkreis hat die Eiche am Frühlingsanfang, dem 21. März.

Eiche Geborene behaupten sich in fast jeder Situation. Ihre Standhaftigkeit ist beispielhaft, denn nichts kann sie aus dem seelischen Gleichgewicht bringen. Tapfer bewältigen sie die schwersten Prüfungen und sind mit der Gabe gesegnet noch daran zu wachsen. Flexibel gestalten sie ihr Leben und sind dennoch Befürworter fester, verlässlicher Werte. Ihre kreativen und schöpferischen Energien setzen sie geschickt und gewinnend für sich und ihre Freunde ein. Spontan entwickeln sie neue Strategien. Deshalb gelten sie bei ihren Mitmenschen als erfinderisch und als verlässliche Ratgeber. Ihre Besonnenheit übt positiven Einfluss auf geplante Vorhaben aus und bringt so kräftigen Schwung und Unterstützung in neue Entschlüsse.

Wissenswertes und Charakteristisches Die den Blitz anziehende Eiche und die auf ihr wachsende Mistel waren den Kelten heilig. Einmal im Jahr schnitten ihre Druiden in weißen Gewändern mit goldenen Sicheln die Misteln, um aus ihnen Amulette zu schnitzen, die gegen Dämonen und Krankheit schützen sollten. Unter der weltbekannten Donar-Eiche brachten die Priester Opfer zu Ehren Donars dar, dem Gott des Donners und der Blitze. In einer Höhlung des Baumes soll ein Standbild des Gottes aufgestellt gewesen sein, dem sich nur Auserwählte nähern durften. Als Bonifatius 724 dieses Baumheiligtum fällte und der Donnergott keine Blitze schickte, setzte sich das Christentum allmählich gegen den Baumkult der Alten durch. Ganz konnte die neue christliche Religion die mächtigen Bäume allerdings nicht entzaubern, denn die Eichen waren eng mit den alten Vorstellungen und Riten verbunden.

„Duir", das Urwort für Eiche, hat sich in vielen Sprachen zu „Türe" gewandelt. Mit Eichenlaub wurden im alten Rom verdiente Bürger ausgezeichnet und oft tragen Eichenbäume besondere Namen, die an Ereignisse und berühmte Personen erinnern sollen. Für viele Völker war sie das Sinnbild purer Lebenskraft. Eichen gehören zu den europäischen Baumarten, die ein sehr hohes Alter erreichen. 700 Jahre sind keine Seltenheit.

Heilkräfte und Nutzen Die Eiche ist ein Symbol der Kraft und Stärke. Dr. Edward Bach, bekannt geworden durch die von ihm entwickelte Bach-Blütentherapie, gewann aus den Eichenblüten eine Essenz für jene erschöpften Kämpfer, die stabil, zäh und standhaft wie die Eiche selbst sind. Den reichen Gerbstoffgehalt der Rinde nutzte man früher zur Gewinnung der Gerberlohe. Das mit sogenannten „Spiegeln" charakteristische Holz der Eiche ist hellbraun und dunkelt später nach. Es ist sehr hart, schwindet nur wenig und zeichnet sich durch besondere Festigkeit, Biegefestigkeit und Elastizität aus. Ganz außergewöhnlich ist seine gerühmte Dauerhaftigkeit. In Wasser gilt Eichenholz als nahezu unbegrenzt haltbar. Unser wichtigstes Laubholz ist äußerst vielseitig verwendbar, vor allem dort, wo es auf Festigkeit und Dauerhaftigkeit ankommt, etwa im Hoch-, Wasser- und Brückenbau, beim Stützen von Decken oder in Glockentürmen. Es eignet sich für wertvollste handwerklich geschaffene Möbel und Inneneinrichtungen, die dekorative Ausstattung großer Hallen und den Treppenbau. Wegen seiner Festigkeit finden wir es als Parkett oder auch zu Eisenbahnschwellen verarbeitet. Besonders begehrt ist es als Böttcherholz, aus dem Kübel und Fässer gefertigt werden. Gefragt ist das Holz der Eiche für die

Ehe jemand Bauholz angewiesen wird, soll derselbe zuvor für den Eichbaum, so er abholzen will, wenigstens sechs Eichenheister in selbige Holzung alsbald wieder pflanzen.
Magdeburger Holzordnung von 1618

Herstellung von Wein- und Whiskyfässer, da es im Gegensatz zu anderen Hölzern keine Flüssigkeit durchlässt. Die außergewöhnlichen Mooreichen sind eine besondere Rarität. Hier handelt es sich um Eichen, die über Jahrhunderte luftdicht verschlossen in Grundwasser überdauert haben. Moorholz zeichnet sich durch starke farbliche Varianten von hellem Braun bis zu tiefem Schwarz mit manchmal grünlich bläulichen Nuancen aus. Dieses Holz sowie daraus geschnittenes Furnier sind gesuchte Spezialitäten.

Die Haselnuss

Mich, die Haselnuss, erkennt ihr an meiner breiten, verzweigten, zarten Strauchform und meinen herzförmigen, gezackten Blättern. So wisst ihr nun auch, dass ich eigentlich ein Strauch und kein richtiger Baum wie die Baumhasel bin. Ich bin außerordentlich anpassungsfähig und meine Zweige sind, wie ihr wisst, äußerst zäh und sehr biegsam. Ihr findet mich meist an trockenen Weg- und Waldrändern, wo es im Sommer warm ist. Im Gebirge wachse ich bis in 1000 Meter Höhe. Meine Heimat haben ich und meine rund 150 Verwandten der Gattung „Corylus“ in Asien, Europa sowie in Nordamerika. In Mitteleuropa ist lediglich eine unserer vielen Arten heimisch.

Ihren Platz im keltischen Baumkreis hat die Haselnuss vom 22. bis 31. März und vom 24. September bis 3. Oktober.

Menschen, die im Baumzeichen der Haselnuss geboren wurden, sind sehr wahrheitsliebend. Ihre Ehrlichkeit ist für ihre Mitmenschen meist entwaffnend und bringt die Dinge sehr schnell auf den Punkt. Unwahrheiten und verschleierte Aussagen werden von diesen Menschen unerbittlich durchschaut und klargestellt. Sie sind wie ein Fels in der Brandung, an dem zweifelhafte Vermutungen wie Wassertropfen zerschellen. Wegen ihrer Geradlinigkeit und ihrer ausgesprochenen Ehrlichkeit sind sie gute Freunde und Partner, auf die man sich jederzeit verlassen kann. Sie haben die Fähigkeit Sachverhalte auf den Punkt und ans Licht der Wahrheit zu bringen, deshalb wird ihre Meinung von ihren Mitmenschen sehr geschätzt. Stets sind sie bemüht sich selbst zu vervollkommnen. Ihre Erkenntnisse teilen sie mit engsten Freunden in tiefen Gesprächen und besonderen Treffen.

Wissenswertes und Charakteristisches Die Zahl Neun war den Kelten heilig. Für die Kelten war sie die Zahl der Vollkommenheit und Weisheit. Nach neun Jahren trägt die Hasel erstmals Früchte. Die Hasel war der großen Gottheit der Kelten, der „Weißen Göttin“, der Göttin der Tat, der Fruchtbarkeit und des Todes, geweiht. Die Zeit der Hasel im Baumkreis fällt jeweils mit dem neunten Vollmond nach der Winter- und Sommersonnenwende zusammen. Der Name Hasel stammt vermutlich vom lateinischen Wort „casa“ (Haus) ab, da der Fruchtbecher der Hasel den Kern wie ein Haus umgibt. Nach der Eiszeit war die Hasel in Europa so stark vertreten, dass die Wissenschaft von einer „Haselzeit“ spricht, die um 6000 v. Chr. herrschte. Die Hasel wächst selten zu einem typischen Baum heran. Sie treibt ihre vielen dünnen Stämme strauchartig bis zu einer Höhe von sieben Metern empor und erreicht ein Alter von bis zu 70 Jahren.

Heilkräfte und Nutzen Zahlreiche fossile Blattabdrücke beweisen, dass bereits vor Jahrmillionen Menschen die wohlschmeckenden Früchte der Hasel verzehrten. Ihre

Nüsse sind sehr nahrhaft. So enthalten sie beispielsweise 60% Fett und rund 20% Eiweiß. Früher verwendeten die Ärzte sie auch gerne als Heilmittel, etwa als Hustenmittel, für den Haarwuchs oder als Mittel gegen Impotenz. Aber auch den Wünschelruten-gängern tut die Hasel ihren Dienst: Mit ihren Haselzweigen spüren sie verborgene Wasser-adern auf.

Auch der Baum, auch die Blume warten nicht bloß auf unsere Erkenntnis. Sie werben mit ihrer Schönheit und Weisheit aller Enden um Verständnis.
Christian Morgenstern

Die Eberesche

Mich, die Eberesche, erkennt ihr an meiner schlanken, oftmals auch mehrstämmigen, ja fast grazilen Gestalt und meiner lockeren, kugeligen, manchmal strauchartigen Krone. Hinter meiner zarten Schönheit verberge ich eine außerordentlich große Standhaftigkeit. Ich bin sehr anspruchslos und oft an Wegrändern anzutreffen. Meine Heimat ist Europa und der Kaukasus. Ich wachse im Gebirge bis 2000 Meter. Ihr nennt mich wegen meiner leuchtendroten Früchte, die die Vögel so gerne essen, auch „Vogelbeerbaum". Botanisch gehöre ich zur Gattung „Sorbus", die rund 100 Arten umfasst und zu den Rosengewächsen zählt. Ich bin eines eurer raschwüchsigen Pioniergehölze.

Ihren Platz im keltischen Baumkreis hat die Eberesche vom 1. bis 10. April und vom 4. bis 13. Oktober.

Menschen, die im Baumzeichen der Eberesche geboren sind, sprühen vor Lebensfreude. Sie scheinen das Glück gepachtet zu haben. Mit Leichtigkeit überwinden sie jedes Hindernis, und eine harmonische Partnerschaft scheint mit ihnen sehr einfach erreichbar. Sie freuen sich an den kleinen Dingen des Lebens und an der Natur. Gesundheit und Selbstverwirklichung stehen bei ihnen an oberster Stelle. Ihr sympathisches Wesen lässt sie leicht Bekannte und dauerhafte Freunde gewinnen.

Unternehmungen mit ihnen sind immer Erlebnisse der besonderen, unvergesslichen Art. Dennoch sind sie sehr bescheiden und dies ermöglicht ihnen, sich jeder noch so schwierigen Situation anzupassen und sie zu bewältigen. Durch ihre Konzentration auf nur ein Ziel erreichen sie dieses auch.

Wissenswertes und Charakteristisches Die kleine, anspruchslose Eberesche ist der einzige Laubbaum, der im Gebirge bis an der Baumgrenze überleben und gedeihen kann. Da ihre roten Früchte bei Vögeln sehr beliebt sind, benutzte der Mensch den Baum früher zum Anlocken und Fangen der gefiederten Tiere. Indem die Vögel den Samen des Baumes unverdaut ausscheiden, tragen sie zur Fortpflanzung und Erhaltung dieser Baumart bei. Ebereschen erreichen mit 120 Jahren ein relativ kurzes Baumalter.

Für die Kelten stand die Eberesche in sehr enger Beziehung zu ihren Sehern und Orakeln. Oft waren ihre heiligen Weissagungsstätten mit Ebereschen umpflanzt, um damit Böses und Unheil von diesen besonderen Stätten fernzuhalten. Den Germanen galt sie als glücksbringend.

Wie alle vorchristlichen Symbole hatte auch die Eberesche eine gegenteilige Bedeutung. Mit der „falschen Esche“ verband man das Zwielichtige. Darauf deutet auch die Übersetzung des Wortes „eber“ hin. Denn dies bedeutet „aber“ oder auch „falsch“.

Heilkräfte und Nutzen Die Eberesche gilt als einer der schönsten Laubbäume unserer Wälder. Besonders, wenn sie im Herbst ihre rot leuchtenden Früchte an den zarten Ästen trägt, erstrahlt sie in ihrer ganzen Pracht. Roh sind ihre verlockenden Beeren für Menschen nicht genießbar – auch für Kinder nicht! Aber mit Zucker eingemacht, ergeben sie ein köstliches Kompott oder Gelee. Sie haben einen hohen Gehalt an Vitamin C und Provitamin A. Aus dem harten, elastischen Holz der Eberesche stellt der Mensch Axt- und Schaufelstiele sowie Sportgeräte her. Auch für Drechsler- und Bildschnitzerarbeiten eignet sich das Holz.

Ein Geschenk
Die Bäume und der Wald
waren das höchste Geschenk,
das die Erde den Menschen bot.
Plinius d.Ä.

Der Ahorn

Mich, den Ahorn, erkennt ihr an meinem kurzen, schuppigen, glatten und weißlich schimmernden Stamm und meiner starkastigen, verzweigten Krone. Vor allem meine, wie ihr sagen würdet, handgelappten fünfzackigen Blätter sind ein gutes Erkennungsmerkmal, um mich in meiner außergewöhnlichen Schönheit von anderen Bäumen zu unterscheiden. Ich liebe kühle, feuchte Luft und frischen, tiefgründigen Boden. Ich bin in ganz Europa, Asien, Nordiran und Nordafrika zu Hause. Meine Gattung „Acer" wie ihr mich und meine Brüder benannt habt, umfasst rund 200 Arten.

Seinen Platz im keltischen Baumkreis hat der Ahorn vom 11. bis 20. April und vom 14. bis 23. Oktober.

Ahornmenschen sind freiheitsliebend wie ihr Lebensbaum. Sie schöpfen ihre Lebenskräfte aus ihren ungewöhnlichen Entfaltungsmöglichkeiten und setzen daher ihre Pläne und Absichten auch aktiv in die Tat um. Langes Zögern ist gegen ihr Prinzip der freien Entscheidung und daher fassen sie nach wohl überlegten Grundsätzen recht schnell ihre Entschlüsse. Lähmende Gewohnheiten streifen sie ebenso ab wie einengende Muster und vorgegebene Verhaltensweisen. Sie gehen mutig voran und stellen sich frei von Verpflichtungen den Herausforderungen des Lebens. Ihr Selbstvertrauen baut sich dadurch beständig weiter auf und lässt keine falschen Kompromisse zu. Ihre Unabhängigkeit ist ihnen sehr wichtig. Dennoch lieben sie es mit ihren Mitmenschen gemeinsame Pläne zu schmieden.

Wissenswertes und Charakteristisches Der Ahorn gehört zu den wertvollsten Edellaubhölzern Europas. Bei uns ist er als Berg-, Spitz- und Feldahorn vertreten. Gerne wird er wegen seiner herbstlichen Farbenpracht als Garten- oder Parkbaum angepflanzt. Der Name hat seine Wurzeln im Lateinischen: „acer" bedeutet „spitz, scharf". Der Ahorn wird 30 Meter hoch und bis zu 500 Jahre alt. Sein Stamm kann über stattliche drei Meter dick werden.

Bäume sind oft eng mit dem Leben und Schicksal eines Volkes verbunden, denn eine einzige Baumart kann mit ihren Gaben Tausende von Menschen ernähren. Sie sorgt mit ihren Früchten, ihrem Saft oder ihrem Holz sozusagen für den Lebensunterhalt vieler Menschen. So auch der Zuckerahorn Kanadas. Ihn erkoren die Kanadier zum Nationalsymbol. Als Zeichen ihrer Dankbarkeit und Ehrfurcht haben die Menschen Kanadas ein Blatt ihres „Lebensbaumes" auf ihrer Nationalflagge abgebildet.

Heilkräfte und Nutzen In diesem mächtigen Baum steckt ein ganz besonderer Saft: der weltberühmte Ahornsirup. Mit diesem Sirup „ernährt" er das kanadische Volk. Sinzibuckwud, „dem Holze entlockt", so nennen die Algonquin-Indianer den klaren Saft des Baumes. Mit Tomahawks schlugen sie Kerben in die Rinde und fingen den aus der Wunde des Baumes herausfließenden Saft in Gefäßen aus Birkenrinde auf. Heute ringt man den Bäumen mit Zapfhähnen den wertvollen Ahornsaft ab.

Aber nicht nur der Saft des Ahorns ist wertvoll, auch sein fast weißes Holz ist sehr begehrt. Das harte, feinfasrige und sehr gleichmäßige Holz ist ein gesuchter Werkstoff im Möbel- und im Innenausbau. Speziell für Tischplatten, im Musikinstrumentenbau sowie für Bildhauer- und Drechslerarbeiten wird es sehr geschätzt.

Die Vorfahren pflanzten Bäume,
damit sich die Nachkommen
an ihrer Kühle freuen.
Chinesisches Sprichwort

Die Walnuss

Mich, die Walnuss, trefft ihr meist alleine in Parks, Gärten oder auf euren Bauernhöfen und manchmal auch als schmückenden Alleebaum an. Ihr erkennt mich an meinem meist kurzen, mit kräftigen Ästen versehenen, schwarzgrau rissigen Stamm und meiner mächtig ausladenden, breiten und etwas rundlichen Krone. Ich bin lichtbedürftig und sehr kälteempfindlich. Außerdem bin ich sehr anspruchsvoll, verlange nach geschützten Plätzen und gedeihe in mildem Klima am besten. Meine Heimat habe ich auf dem warmen Balkan und im fernen Asien. Dort trefft ihr mich gelegentlich sogar noch wildwachsend an. Ich gehöre zur Gattung „Juglans", die rund 21 Arten umfasst.

Ihren Platz im keltischen Baumkreis hat die Walnuss vom 21. bis 30.April und vom 24.Oktober bis 11.November.

Menschen, die im Baumzeichen der Walnuss geboren wurden, verändern sich beständig. Sie entdecken neue Welten und Interessen, die so vielfältig wie die Blätter an einem Baum mit all seinen Verästelungen sein können. Ihr Drang und ihre Möglichkeiten sich zu verändern scheinen schier unerschöpflich zu sein. Stets sind sie bei all ihren Erkundungen darauf bedacht den wahren Grund hinter den Dingen zu enträtseln. Davon halten sie auch härtere Widerstände nicht ab. Unbefangen von der Vergangenheit, reizt sie immer wieder das Neue, Unbekannte mit all seiner Faszination eines aufregenden Neubeginns. Es ist spannend mit ihnen gemeinsam durchs Leben zu gehen, denn immer wieder entdeckt man mit ihnen die unerschöpfliche Vielfalt des Lebens neu. Meisterhaft finden sie sich mit neuen Gegebenheiten zurecht und sind deshalb auch für viele andere vertrauenswürdige Ratgeber.

Wissenswertes und Charakteristisches Walnuss oder Welschnuss, wie der Nussbaum im Volksmund genannt wird, stammt vom niederdeutschen Wort „welsch“ ab und bedeutet „aus dem Welschland (Frankreich) stammende Nuss“. Seine Früchte, die harten Walnüsse, die im September und Oktober heranreifen, enthalten bis zu 60% Fett und sind sehr beliebt. Die Walnuss ist im namentlichen Sinne keine Nuss. Sie ist vielmehr eine Steinfrucht wie die Kirsche oder Pflaume. Das Sammeln von Walnüssen in milder Herbstluft ist ein entspannendes Erlebnis. Nussbäume werden rund 25 Meter groß und sind mit rund 150 Jahren im Vergleich zu anderen Bäumen sehr kurzlebig.

Oft dienen in der Menschheitsgeschichte die Bäume als Liebesorakel. Unter ihren schützenden Kronen treffen sich die Liebenden um ihre Liebe zu besiegeln oder sich ewige Treue zu schwören. Der Baum ist zugleich Treffpunkt und Zufluchtsort der Verliebten. Ihrem „Liebesbaum" vertrauten die Liebenden aller Jahrhunderte ihr Geheimnis an, indem sie ihre Namen in seine Rinde ritzten. Manche Bäume wurden von ihnen als Orakel befragt. So warfen zum Beispiel in Österreich heiratslustige Mädchen Stäbe in die Walnussbäume. Blieb einer in den Zweigen hängen, würden sie, so sagte man, bald heiraten.

Heilkräfte und Nutzen Das Holz des Nussbaums gilt als unser wertvollstes und begehrtestes Nutzholz. Es ist sehr rar, da der Nussbaum als typischer Einzelbaum und nicht in Waldbeständen wächst. Es wird bevorzugt für hochwertige Gegenstände verwendet. Wegen seiner einzigartigen Schönheit gehört es zu den beliebtesten Möbelhölzern. Im anspruchsvollen Innenausbau verarbeitet, zählt es seit jeher zu den favorisierten Holzarten für Drechsler- und Schnitzarbeiten. Auch im Instrumentenbau (Klavier) wird es sehr geschätzt. Indem man den Wurzelstock ausgräbt, gewinnt man ein seltenes und wertvolles Maserfurnier, das für ausgesuchte Stücke im Möbelbau verwendet wird. Schreiner und Holzverarbeiter unterscheiden wegen ihrer unterschiedlichen Zeichnung und Färbung unter anderem französi-

Ein großer Nussbaum stand wie eine grüne Laube,
ein Weg ging drunter hin im Staube.
Und du und ich, wir lehnten in dem Schatten
und teilten mit dem Baum, was wir im Herzen hatten.
MAXIMILIAN DAUTHENDEY

sches, persisches, türkisches, nepalesisches, italienisches, deutsches und amerikanisches Nussbaumholz.

Die Pappel

Uns, die Pappeln, erkennt ihr an unserer typischen, weithin sichtbaren, sich nach oben verjüngenden schlanken Gestalt, dem relativ dicken Stamm und der Krone mit den starken Ästen. Wir vermehren uns schnell und leicht. Wir sind sehr lichtbedürftig und gedeihen auf gutem Boden und an Flussläufen. Unsere Heimat haben wir mit rund 35 Arten der Gattung „Populus" in Eurasien und Nordamerika. Drei unserer Arten sind in Europa beheimatet: Die Zitter-, die Silber- und die Schwarzpappel.

Ihren Platz im keltischen Baumkreis hat die Pappel vom 4. bis 8.Februar, vom 1. bis 14.Mai und vom 5. bis 13.August.

Menschen, die im Zeichen der Pappel geboren sind, sind sehr sensibel. Sie nehmen die feinsten menschlichen Gefühle wahr. Keine noch so kleine Unstimmigkeit bleibt ihnen verborgen. Sie empfinden die bewegenden Gedanken und Gefühle ihrer Mitmenschen wie das kaum wahrnehmbare Wachsen der Bäume und Pflanzen. Sie kennen alle Nuancen der Emotionen und sind daher auch sehr verständnisvolle und gefühlsbetonte Partner. Sie sind stets auf der Suche nach sich selbst und auf dem Weg der Selbsterkenntnis. In ihrer Gegenwart scheint jeder Augenblick ein stiller und heiliger Moment der Besinnlichkeit zu sein. Unbewusst wird man durch sie von einer unerklärlichen Freude und tiefen Dankbarkeit für das Leben ergriffen. Sie sind vor allem von der Natur und ihren überwältigenden Schauspielen begeistert und ergriffen.

Wissenswertes und Charakteristisches Für die naturverbundenen Kelten hatten die Bäume neben ihrer magischen Bedeutung immer auch einen überlebenswichtigen Nutzen. Grundsätzlich galt die Pappel den Kelten als verwundbarer Baum. „... die Pappeln brachen oft in der Schlacht", werden sie in der „Schlacht der Bäume", einem über lange Zeit nur mündlich überlieferten keltischen Gesang, beschrieben. Aus dem Holz der Pappel schnitzten sie Holzschuhe, wie es heute noch in manchen Ländern Brauch ist. Und bei ihren Streifzügen durch Europa schützten sich ihre wilden, meist buntbemalten Krieger mit Kampfschilden aus leichtem Pappelholz.

Pappeln wachsen heute in ganz Europa. Leider ist die Schwarzpappel im Bestand gefährdet. Die Pappel zählt zu den ältesten Waldbäumen Europas. Dieser Pionierbaum wuchs bereits vor 10 000 Jahren in unseren Wäldern und gehört außerdem zu den raschwüchsigsten Baumarten. Um zu ausgewachsenen Bäumen heranzureifen, benötigen Pappeln lediglich 30 bis 50 Jahre. Buchen brauchen im Gegensatz dazu stolze 120 Jahre. Die windblütigen Pappeln werden bis zu 35 Meter hoch und manche Art wird gar bis zu 400 Jahre alt.

Viel Holz ist kleiner Reichtum,
kein Holz ist große Armut.

Heilkräfte und Nutzen

In der Volksmedizin sind die Heilkräfte der Pappel sehr gefragt. So legt man beispielsweise ihre frische Rinde auf Wunden und ihre Holzkohle wendet man bei Magenverstimmungen an. Aus dem Knospenharz gewinnt man den begehrten Bienenpropolis und Pappelmisteln werden bei nervösen Herzbeschwerden eingesetzt. Das sehr leichte und weiche Holz der Pappel dient zur Herstellung von Zündhölzern, Reißbrettern und Papier. Die Möbelindustrie nutzt es als Sperrholz und Tischlerplatten-Furnier.

Die Kastanie

Mich, die Kastanie, erkennt ihr an meiner stattlichen Gestalt und meiner reich belaubten, kegelförmigen, meist auch sehr regelmäßigen Krone. Besonders markant sind meine kerzenförmigen, großen, weiß-rot leuchtenden Blüten und meine lang gestielten, gefiederten, sehr großen Blätter, die wie euere Hände geformt sind. Meist drehe ich mich in meinem Stamm nach rechts – das bezeichnet ihr dann als sogenannten Drehwuchs. Ich stelle hohe Ansprüche an den Boden, auf dem ich wachse, ertrage und spende Schatten, bin aber auch sehr kälteempfindlich. Meine Heimat als Rosskastanie habe ich im östlichen Balkan. Ich gehöre dort zur 13 Arten umfassenden Gattung „Aesculus“. Als Edelkastanie bin ich in Europa, Asien und Nordamerika beheimatet. Hier zählt unsere Gattung nochmals 12 Arten.

Ihren Platz im keltischen Baumkreis hat die Kastanie vom 15. bis 24. Mai und vom 12. bis 21. November.

Kastanie-Geborene sind offen für alles Neue und Abenteuerliche. Spontan treffen sie Entscheidungen, die sie in neue, aufregende Situationen stürzen. Ihre Begeisterungsfähigkeit ist überwältigend und es ist schwer sich ihr zu entziehen. Ihr freundliches Wesen bringt bei Unternehmungen mit ihnen immer neue Entdeckungen und überraschende Erlebnisse mit anderen Menschen mit sich. Ihr Erfindungsreichtum kennt keine Grenzen und es ist ihnen möglich, sich auf vielen verschiedenen Gebieten auszukennen und immer wieder neue Dinge zu entwickeln.

Mutig stellen sie sich den Herausforderungen auf allen Gebieten des Lebens. Oft diskutieren sie mit Freunden über all die Dinge, die sie bewegen. Sie suchen mit ihrer Offenheit gut gemeinten Rat und empfinden ihn als wertvolle Unterstützung bei ihrem Bemühen ihre Ziele noch schneller zu erreichen. Konstruktive Kritik ist ihnen ein wichtiger Helfer um schwierige Situationen zu meistern.

Wissenswertes und Charakteristisches Es gibt zwei botanisch nicht miteinander verwandte Kastanienarten, die Ross- und die Edelkastanie. Die Edelkastanie blüht Ende Mai, die Rosskastanie zwischen April und Juni. Das Wort „ross" bedeutet in der indoeuropäischen Sprache „falsch, unecht". Die „falsche" Kastanie hat aber auch ihre Vorzüge. Ihre Früchte wurden früher als Arzneimittel gegen Pferdehusten angewendet. Und die Kelten liebten ihre Pferde!

Die Rosskastanie gelangte erst Ende des 16. Jahrhunderts nach Europa, wo sie dank ihrer weißen Blütenpracht und des Schatten spendenden Wuchses ein sehr beliebter Parkbaum wurde. Sie wird rund 25 Meter hoch und mit 200 Jahren rund dreimal so alt wie ein Mensch. Die Edelkastanie haben wohl die Römer nördlich der Alpen angepflanzt. Unter günstigen Bedingungen kann ihr Stamm mehrere Meter dick und ein stolzes Jahrtausend alt werden.

Heilkräfte und Nutzen Für den Menschen sind die Früchte der Rosskastanie nicht genießbar. Dafür sind sie bei Hirsch- und Dammwild ein umso beliebteres Futter. Sie enthalten die für diese Tiere wichtige Stärke (zirka 30%) sowie Gerb- und Bitterstoffe. Die bekannten Esskastanien sind im Mittelmeerraum für die dortige Bevölkerung ein sehr wertvolles Nahrungsmittel. Die sogenannten Maronen

Ein Baum,
dessen Zweige von unten bis oben,
die ältesten wie die jüngsten,
gen Himmel streben,
der seine dreihundert Jahre dauert,
ist wohl der Verehrung wert.
Johann Wolfgang von Goethe

enthalten bis zu 43% Stärke, 2,5% Fett und rund 40% Wasser. Meist werden diese kartoffelähnlich schmeckenden Früchte geröstet, aber auch roh sind sie sehr beliebt. Das Holz der Edelkastanie dient in Spanien als bevorzugtes Material für den Möbelbau.

Die Esche

Ich bin die Esche. Vor Zeiten habt ihr mich „Yggdrasil“, Baum des Universums, gerufen. Wer mich nicht kennt, der blickt mich an und sieht meine lockere, zylinderförmige Krone, die steilen, starken Hauptäste und meinen geraden, hochwüchsigen, meist astfreien und langen Stamm. Ein gutes Erkennungsmerkmal sind auch meine unpaarig gefiederten, gegenständig angeordneten Blätter. Da ich sehr hohe Ansprüche an Feuchtigkeit habe, trefft ihr mich meistens in Auewäldern, an Wasserläufen oder auch als Straßen- und Alleebaum an. Ich mag eben luftfeuchte, nicht zu warme Plätze mit viel Licht. Ich gehöre nach eurer Einteilung zur Gattung „Fraxinus“, die rund 70 Arten umfasst. Ich bin in fast allen Kontinenten dieser Erde, wie in Nordamerika, Asien und mit zwei Arten auch in Europa, zu Hause.

Ihren Platz im keltischen Baumkreis hat die Esche vom 25. Mai bis 3. Juni und vom 22.November bis 1.Dezember.

Die im Baumzeichen der Esche Geborenen sind oft Menschen mit unerschöpflicher Energie. Sie sind äußerst belastbar und leisten Ungewöhnliches. Sie stehen fest verwurzelt mit einem unerschütterlichen Selbstvertrauen im

Leben und nichts kann sie so schnell umwerfen. In ruhiger Überlegung planen sie das weitere Vorgehen um aus fast allen Situationen siegreich hervorzugehen. Sie sind äußerst zähe Verhandlungspartner, die dennoch zu Kompromissen bereit sind um das angestrebte gemeinsame Ziel zu erreichen. Sie schaffen es immer wieder materielle und geistige Interessen miteinander zu verbinden. Dadurch eröffnen sich überraschend neue Aussichten für den Partner. Aus ihrem unbegrenzten Potential erschließen sie sich immer wieder neue Betätigungsfelder.

Wissenswertes und Charakteristisches Für die Kelten war die Esche der Baum des Universums. Mit ihren Wurzeln greift sie tief in die Erde, ihr Stamm verbindet sie mit den in den Himmel strebenden Ästen. Sie symbolisiert die Macht des Wassers – die zerstörende Gewalt der Fluten oder die nährende Kraft des Regens. Mit Eschenholz beschworen die Druiden den Regen herbei oder bannten die entfesselten Kräfte des Wassers. Die magischen Kräfte der Esche finden wir auch im Weltenbaum „Yggdrasil“ in der altgermanischen Dichtung Edda aus dem 13. Jahrhundert. Dort hält der „allnährende Weltenbaum“ Himmel, Erde und Unterwelt zusammen.

Die Esche gehört zu unseren wichtigsten einheimischen Laub-Nutzhölzern. Oft ist sie an Bachläufen sowie als Straßen- und Alleenbaum anzutreffen. Als Einzelbaum neigt sie wie kein anderer Baum zum sogenannten Gabelwuchs, bei dem sich der Stamm in zwei starke Stämme teilt.

„Esche“ ist ein alter nordischer Name, dessen Ursprung und Bedeutung ungewiss ist. Eschen werden bis zu 40 Meter hoch und rund 200 Jahre, seltene Exemplare sogar bis zu 300 Jahre, alt. Manche dieser stattlichen Bäume erreichen einen Stammdurchmesser von bis zu einem Meter. Eschen gehören zur Familie der 600 Pflanzenarten umfassenden Ölbaumgewächse.

Heilkräfte und Nutzen Sammelt man ihre Blätter im Frühjahr, wenn sie noch mit dem etwas klebrigsüßen Überzug bedeckt sind, kann man aus ihnen einen Tee zubereiten, der Harn treibend und leicht abführend wirkt. Der schleimige Bast wurde früher zur schnelleren und besseren Wundheilung aufgelegt.

Das Holz der Esche ist schwer und hart und weist ausgezeichnete Festigkeitseigenschaften auf, die sogar das Eichenholz übertreffen. Aber seine außergewöhnlichste Eigenschaft ist die hervorragende Elastizität. Wegen seiner Biegefestigkeit wird das Holz der Eschen für Holme und Leitersprossen bei Sportgeräten oder für Werkzeugstiele verwendet. Es lässt sich leicht bearbeiten und verbreitet einen süßlichen, aromatischen Duft in der Werkstatt. Früher nutzte man Eschenholz noch zur Skiherstellung, heute stellt es ein wertvolles Tischler-, Furnier- und Drechselholz dar und wird für Möbel und im Innenausbau verarbeitet.

Eine Esche weiß ich stehen,
heißt Yggdrasil,
den hohen Stamm netzt
weißer Schaum; davon
kommt der Tau, der in die
Täler fällt.
AUS DER EDDA

Die Hainbuche

Mich, die Hainbuche, erkennt ihr an meiner reich verzweigten, dichten, strauchartigen Krone und meinem besonders gezeichneten, geraden, manchmal wulstigen Stamm. Meine glatte, dunkelgraue Rinde ist von einem hellen, netzartigen Muster gezeichnet und macht es euch dadurch leicht, mich von den anderen Bäumen zu unterscheiden. Durch mein kräftiges Ausschlagvermögen, selbst nachdem mich Mensch und Tier misshandelt haben, bin ich sehr widerstandsfähig. Ihr trefft mich daher auch oft als schützende Hecke oder Gebüsch an. Ich liebe frische, feuchte, tiefgründige und lehmige Böden, in die ich meine tiefen Wurzeln versenken kann. Am besten gefällt mir die Sommerwärme, denn ich vertrage auch Trockenheit. Ich bin einer eurer häufigsten Laubbäume. Meine Gattung „Carpinus" umfasst rund 35 Arten und ist in Europa und Amerika vertreten.

Ihren Platz im keltischen Baumkreis hat die Hainbuche vom 4. bis 13. Juni und vom 2. bis 11. Dezember.

Die im Baumzeichen der Hainbuche Geborenen sind die Zuversicht in Person. Unbeirrbar halten sie an ihren Vorhaben fest und bringen sie durch ihre bewundernswerte Beharrlichkeit sicher zum Erfolg. Unbezwingbar ist ihr Siegeswille, wenn sie für ein lohnendes Ziel kämpfen. Ihr fester Glaube an die eigene Kraft und Unverwüstlichkeit lässt sie immer wieder aufstehen. Geduldig ertragen sie Unabänderliches und nehmen dabei allergrößte Belastungen und Erniedrigung auf sich. Die Narben der Verletzungen ihrer Seele sind zahlreich und lassen sie dennoch in einem Licht der absoluten Unverwundbarkeit erstrahlen. Ihr bewahrendes Wesen wird ihnen durch eine Gewissheit des Vergänglichen verliehen. Sie stehen über den Dingen und erhellen dadurch auch das Leben ihrer Mitmenschen.

Wissenswertes und Charakteristisches Das sehr zähe Holz und vor allem die Eigenschaft, auch nach Wildverbiss immer wieder neu auszuschlagen, macht die Hainbuche zur idealen Heckenpflanze. Dies machten sich auch die Kelten zunutze und umpflanzten mit der widerstandsfähigen „Hagebuche“ ihre Siedlungen und Weiden. Städtenamen wie Hagen, Hagnau oder Hagenburg deuten darauf hin, dass sie einmal von Hainbuchen bewehrte Siedlungen waren. Auch das Wort Hexe, früher „Hagse“, hat vermutlich seinen Ursprung bei der Hainbuche.

Mit dem „Eißenbaum“, wie die Hainbuche im Volksmund wegen ihres sehr harten Holzes betitelt wird, werden auch die Charaktereigenschaften von Menschen verglichen. Die Begriffe „hanebüchen“ und „hagebüchen“ haben ihren Ursprung bei der Hainbuche und meinen, dass jemand hart, derb aber auch widerstandsfähig sei. Die sehr eigenwillig wachsende Hainbuche weist meist einen sogenannten Drehwuchs auf, bei dem sich der Stamm um seine eigene Achse „dreht“.

Heilkräfte und Nutzen Die Hainbuche ist trotz ihrer engen Namensverwandtschaft nicht mit der Rotbuche verwandt. Vielfach tritt sie im Mischwald mit ihr zusammen auf. Dr. Edward Bach hat in seiner Blütentherapie Wirkstoffe der Hainbuche gelöst, „um das Tagewerk leichter vollbringen zu können“. Die Hainbuche hat das schwerste Holz unter den einheimischen Nutzhölzern. Es ist von großer Elastizität und ausgesprochen fest. Ihr hartes Spezialholz wird bevorzugt im Werkzeug-, Geräte- und Maschinenbau eingesetzt – eben dort, wo es mechanisch stark beansprucht wird. Auch in Klavieren, für Billardqueues oder Fleischerklötze wird ihr fast weißes Holz verwendet.

Er wird Deine Sänger nicht nur hören;
Er wird das, was sie singen, auch verstehen.
Hör auf, hör auf, die Wälder zu zerstören,
sonst wirst mit ihnen du auch untergehen!
Karl May

Der Feigenbaum

Mich, den Feigenbaum, wie ihr mich nennt, erkennt ihr an meinem kleinen Wuchs und meinen zunächst waagerecht, dann senkrecht wachsenden Ästen und meiner fast runden Krone. Meine Blätter sind groß, unverwechselbar lang gestielt, rundlich handförmig gebuchtet und mit Lappen versehen. Meine Früchte, die Feigen, schimmern von Grün-braun bis Violett-schwarz. Ich bin sehr empfindlich gegen Frost und Kälte, deshalb trifft man mich eher in wärmeren, südlichen Regionen an, obwohl ich nördlich der Alpen in sehr milden Lagen auch den Winter überstehe. Meine Heimat habe ich in den Ländern des Mittelmeerraums und in den heißen Zonen Asiens sowie Ägyptens. Ich gehöre zur Gattung „Ficus“ und zähle rund 700 Arten.

Seinen Platz im keltischen Baumkreis hat der Feigenbaum vom 14. bis 23.Juni und vom 12. bis 21.Dezember.

Menschen, die im Baumzeichen des Feigenbaums geboren wurden, verbreiten eine Atmosphäre der Harmonie und Eintracht. Sie sind im Einklang mit der Natur und ihren Mitmenschen und finden dort auch die Zufriedenheit ihres Seelenlebens. Für sie ist Erfüllung in der Partnerschaft ein wichtiger Bestandteil des Lebens. Sie sind der ruhende Pol in der Familie und verbreiten eine beruhigende Gelassenheit. Diese Ruhe strahlt Sicherheit auf alle Menschen in ihrer Umgebung aus. Man fühlt sich in ihrer Nähe geborgen und weiß, dass aus den Schätzen der Natur für alles gesorgt und gerecht geteilt wird. Durch beständigen Fleiß haben sie das Glück dauerhaft für sich gebucht. Reichtum und Erfüllung sind bei ihnen zu Hause und bieten eine gute Basis für ein zufriedenes und erfülltes Leben.

Wissenswertes und Charakteristisches Der Feigenbaum ist einer der ältesten Fruchtbäume überhaupt. Bereits vor 4500 Jahren pflückten die Ägypter seine wohlschmeckenden Früchte. Den römischen Athleten dienten sie vor dem Wettkampf als letzte Kräftigung. Die Früchte der wild wachsenden Bäume sind nicht essbar. Bäume mit genießbaren Früchten stammen vermutlich aus Asien. Weizen, Oliven und Feigen gehörten zu den wichtigsten Nahrungsmitteln der alten Völker. Archäologische Funde belegen, dass der Feigenbaum schon früh genutzt und in Kultur genommen wurde. So entdeckte man bei Ausgrabungen im judäischen Gebirge 7000 Jahre alte versteinerte Früchte.

Der Feigenbaum gilt in vielen Kulturen als alter heiliger Baum. In der Bibel wird er als erste Pflanze genannt. Nach dem Sündenfall bedeckten sich Adam und Eva, als sie gewahr wurden, dass sie nackt waren, mit seinen rundlichen Blättern. Alle Religionen und Völker kennen diesen heiligen Baum und meist wurde ihm auch eine Gottheit zugeordnet. In Indien ist der Feigenbaum das heiligste buddhistische Symbol, denn unter ihm wurde Buddha geboren und erlangte seine Erleuchtung. Ein Zweig von diesem Baum ist das Nationalheiligtum Sri Lankas.

Heilkräfte und Nutzen Die Heilkräfte der Feigenfrucht sind vielfältig und wurden bereits im Altertum hoch gelobt. Ihre Samen wirken abführend. Eingemachte oder eingelegte Früchte regeln vorzüglich die Verdauung. Unter anderem reinigen sie das Blut. Feigen sind sehr nahrhaft und gut verträglich. Frisch weisen sie einen hohen Gehalt an den Vitaminen A, C und B

Vor dem Baum, der Schatten gibt,
soll man sich neigen.
Baumweisheit

auf und wirken daher sehr gut gegen Müdigkeit. Insbesondere sind sie reich an Fruchtzucker. Das Holz des Feigenbaums gilt unter Tischlern als besonders dauerhaft. Die alten Ägypter fertigten aus ihm ihre unvergänglichen Mumiensarkophage.

Die Birke

Mich, die immer jung scheinende Birke, erkennt ihr leicht an meiner weithin leuchtenden, charakteristisch weißen Rinde und meinen feinen Zweigen. Meine zarten Blätter sind ungefähr dreieckig und haben eine lang ausgezogene Spitze. Trotz meines eleganten, meist zierlich geraden Wuchses erdulde ich den härtesten Frost, wachse rasch, bin aber auch sehr lichtbedürftig. Wenn es bitterkalt ist und die meisten meiner Baumgeschwister ihre Blätter schon der winterlichen Erde anvertraut haben, trage ich noch immer meine zierlichen Blätter. Da ich außerordentlich genügsam bin, gedeihe ich noch auf den ärmsten Böden. Dies ist auch der Grund, weshalb in meiner nächsten Umgebung meist keine andere Baumart mehr wächst. Meine Heimat haben ich und die rund 60 Arten meiner Familie, die wir zur Gattung der „Betula“ gehören, in Asien und Europa. Vier Arten von uns sind auch in Mitteleuropa zu Hause.

Ihren Platz im keltischen Baumkreis hat die Birke am 24. Juni. Sie symbolisiert den Beginn des Sommers.

Birkegeborene bringen Licht und Sonnenschein in den Alltag. Ihre gute Laune und ihr freundliches Lächeln verbreiten eine angenehm entspannte Atmosphäre und erheitern nahezu jedes Gemüt. Ihre reinen, unbeschwerten Gedanken vertreiben jedes düstere Mienenspiel auf den

Gesichtern ihrer Mitmenschen. Durch ihr gutes Wesen heilen sie auch erlittene Verletzungen des Vertrauens und des Seelenfriedens. Mit ihrer freundlichen Zuneigung erobern sie die Herzen mit Leichtigkeit und laden zu spontanen Unternehmungen ein. So gewinnen sie ehrliches Vertrauen und Anerkennung. Ihre zarte Schönheit weckt Bewunderung. In ihrer Gesellschaft lässt es sich gut leben und man gewinnt Kraft aus einer Freundschaft mit ihnen.

Wissenswertes und Charakteristisches Für die Kelten besaßen alle Bäume magische Kräfte, die sich auf ihr ganzes Leben auswirken sollten. Dies ist wahrscheinlich auch der Grund, weshalb in allen keltischen Sprachen die Buchstaben durch Bäume dargestellt werden. Das älteste keltische Alphabet ist das sogenannte „Beth-Luis-Nion". Seine 13 Konsonanten bilden den Mondkalender und somit den Bezug zur Jahreszeit. „Beth" ist die Birke, der Baum des Anfangs. Als erste öffnet sie im Frühling ihre Knospen und verkündet so den Beginn eines neuen Lebenskreislaufs. Birkenzweige am 1. Mai sollen auf diese Kraft hinweisen.

Die Birke war indes nicht nur, wie für die Kelten, ein Frühlingsbaum, sondern auch ein Orakelbaum. „In den östlichen Dörfern Moskaus beispielsweise hängten die Mädchen rote Tücher an die Bäume und befragten sie dabei nach der Zukunft, nach dem Zeitpunkt ihrer Heirat etwa oder der Anzahl der Kinder. Jedes Mädchen suchte sich einen Birkenzweig aus und wand einen Knoten in ihn. War der Ast nach ein paar Tagen nicht verdorrt, galt dies als ein gutes Zeichen", berichtet Bernhard Borgeest in „Ein Baum und sein Land".

Ihren Namen verdankt die Birke ihrer leuchtenden Rinde, denn in der althochdeutschen Sprache bedeutet der

Ausdruck „birha“ nichts anderes als „hell“. Sie ist ein ausgesprochener Pionierbaum, denn sie dringt zusammen mit der robusten Kiefer bis an die eisige arktische Baumgrenze vor. Trotz ihres dünnen, meist etwas krummen Stammes wird sie bis zu 30 Meter hoch. Außerdem liefert sie ein sehr gutes und festes Brennholz. Unser lichtbedürftigster Laubbaum hat ein relativ kurzes Baumleben: Die Birke erreicht ein jugendliches Baumalter von rund 120 Jahren.

Heilkräfte und Nutzen Die Heilkräfte der zarten Birke sind vielfältig. Ihre Blätter enthalten ätherische Öle und Saponine, die als Tee aufgegossen bei Rheuma- oder Nierenleiden Linderung bewirken. Außerdem hilft Birkentee den Körper zu entschlacken und zu entgiften. Aus ihrem Saft kann spezielles Haarwasser gewonnen werden. Mit dem aus der Rinde gepressten Juchtenöl wird Leder haltbar und geschmeidig gemacht. Früher fertigte man aus der Rinde auch Schuhe und Gefäße. Die typischen Kanus der Indianer bestanden ebenfalls aus Birkenrinde. Für die Tischler der heutigen Zeit ist das Holz der Birke ein geschätztes Drechslerholz. Meist wird es zu Furnier- und Sperrholz oder auch zu Wäscheklammern verarbeitet.

Die Birke
Es wächst wohl auf der Heide
und in des Waldes Raum
ein Baum zu Nutz und Freude,
genannt der Birkenbaum.
Wilhelm Busch

Der Apfelbaum

Mich, den Apfelbaum, erkennt ihr an meiner kleinen, niedrigen Gestalt, meinen ausgebreiteten Ästen und meiner dicht belaubten, manchmal strauchförmigen Krone. Meine Blätter sind eiförmig elliptisch und kurz zugespitzt. Mit meiner Blüte verkünde ich euch den Frühlingsbeginn. Ich entwickle mich langsam und liebe lichte Lagen. Ich, der Holzapfelbaum, bin der Ursprung aller Apfelbäume, vermutlich stamme ich aus Zentralasien. Heute trefft ihr mich in ganz Europa und Westasien an. Meine „Nachfahren" aus der Gattung „Malus", wie ihr sie bezeichnet habt, umfassen rund 35 Arten und sind in Europa und Nordamerika zu Hause.

Seinen Platz im keltischen Baumkreis hat der Apfelbaum vom 23. Dezember bis 1. Januar und vom 25. Juni bis 4. Juli.

Die im Baumzeichen des Apfelbaums Geborenen sind Menschen der Liebe. Sie sind ganz ohne überzogene Erwartungen und große Ansprüche. Wenn sie lieben, dann geben sie sich bedingungslos hin. Durch diese Bedingungslosigkeit leben sie ein erfülltes und reiches Leben, denn sie erfreuen sich an jeder Kleinigkeit, etwa einem einzelnen bunten Herbstblatt. Ihre unschuldige Liebe durchdringt jede Mauer des Schweigens oder Misstrauens und erwärmt die Herzen der Mitmenschen. Sie verstehen alles, selbst vordergründig Böses. Sie sind die Verbindung zu einer geheimnisvollen, harmonischen Welt. Sie setzen

Soll das nächste Jahr gesegnet sein, bring' vom Baum nicht alle Früchte ein.
Baumweisheit

sichtbare Zeichen und erschließen sich durch die Liebe zu sich selbst das Mitgefühl für andere. Ihre Liebe ist immerwährend wie die Bäume und die Natur.

Wissenswertes und Charakteristisches Für die Kelten sowie für viele Völker der Erde war der Apfelbaum das Symbol der Vollendung, der Baum der Liebe. Er wurde bereits in der Antike kultiviert und seine Frucht, der Apfel, zählt heute zu den wertvollsten einheimischen Früchten. Der Stammbaum aller rund 1000 Apfelsorten ist der Holzapfelbaum. Er ist überaus robust und wird rund zehn Meter hoch.

Als Baum der Erkenntnis von Gut und Böse ging der Apfelbaum in die Menschheitsgeschichte ein. Die bildlichen Darstellungen, die Adam und Eva unter dem von der Schlange umwundenen Baum zeigen, sind zahllos. Dass der Apfel als verbotene Paradiesfrucht gedeutet wird, leitet sich auch aus der lateinischen Doppelbedeutung „malum" („der Apfel", aber auch „das Böse") ab. Hierdurch hat der Apfel seine symbolische Bedeutung als Frucht der Sünde erhalten.

Heilkräfte und Nutzen Der Apfel zählt zu unseren kostbarsten Früchten. Seine heilenden und gesundheitlichen Anwendungsgebiete sind zahlreich. Sein säuerlicher Saft ist erfrischend, regt die Verdauung an und stärkt die Magenschleimhaut. Frisch geraffelte Äpfel helfen bei Verdauungsstörungen. In der Kosmetik wird frischer Apfelsaft als Tonikum gegen faltige, schlaffe Haut eingesetzt. Das harte und feste Holz des Apfelbaums wirft und reißt leicht, daher ist es im Möbelbau wenig beliebt. Für feine Schmuckstücke und kleine Gebrauchsgegenstände findet es dagegen eher Verwendung.

Die Tanne

Ich bin die immergrüne Tanne. Ihr erkennt mich an meiner kegelförmigen hohen Gestalt und meinem geraden, oft kräftigen und silbergrau schimmernden Stamm. Meine Äste stehen, wenn ich frei wachsen darf, fast waagerecht ab und reichen fast bis zum Boden. Sie bilden in der Spitze eine rundliche, storchennestförmig abgeplattete Krone. Ich, die Tanne, gehöre zu den anspruchsvollsten Nadelbäumen und bin in meiner Jugend sehr kälteempfindlich. Meine Heimat habe ich in den Gebirgen Süd- und Mitteleuropas. Man trifft mich bis in 1000 Meter Höhenlagen. Ich bin die einzige Vertreterin der Gattung „Abies" in Mitteleuropa. Weltweit sind wir mit über 40 Arten vertreten.

Ihren Platz im keltischen Baumkreis hat die Tanne vom 2. bis 11. Januar und vom 5. bis 14. Juli.

Menschen, die im Einklang mit der Tanne leben, zeichnen sich durch besondere Weitsicht aus. Sehr bedächtig und besonnen treffen sie ihre Entscheidungen. Diese werden gründlich überlegt und auf ihre langfristige Tauglichkeit hin geprüft. Hierbei spielt die nötige Übersicht und eine gewisse Distanz zur Sache eine wichtige Rolle. Haben sie sich einmal entschlossen sind sie von ihren Vorhaben nur schwerlich abzubringen. Damit ihr Entschluss zum Erfolg führt, setzen sie ihren ganzen Willen und ihre Autorität ein.

Ihr Selbstvertrauen wurzelt in ihrer durch Erfahrung angeeignete Kompetenz und einem sicheren Gespür für die wichtigen Dinge des Lebens. Ihr Verantwortungsbewusstsein ist besonders ausgeprägt und daher sind sie für ihre Mitmenschen selbstbewusste und verlässliche Partner.

Wissenswertes und Charakteristisches Ursprünglich nahm die Eibe den Platz der Tanne im Baumkreis ein. Nachdem aber die Römer und Christen die keltische Kultur nahezu ausgerottet hatten, verschwand mit ihr auch die Eibe aus dem Kreis der auserwählten Bäume. Neben der Eiche hatte die Eibe eine besondere Bedeutung für die Kelten. Sie symbolisierte den Tod, der die Hoffnung auf die Wiedergeburt in sich trug.

Der Name der Tanne hat schon zu manchem Missverständnis geführt. Ursprünglich bezeichnete man den Nadelwald als „den Tann“ und somit wurden aus allen Bäumen kurzerhand Tannen. Fachlich unterscheidet man aber unter den Nadelbäumen bereits Tanne und Fichte, obwohl sie für einen Laien fast gleich aussehen, sowie Kiefer und Lärche. Zudem gibt es verschiedene Tannenarten. Unsere Weißtanne kann eine stattliche Größe von 60 Metern erreichen und über stolze 600 Jahre alt werden.

Heilkräfte und Nutzen Die vielfältigen Heilkräfte der Tanne haben sich seit Jahrhunderten bewährt. Besonders bei Bronchitis verhelfen die zu einem wohlriechenden Tee oder als Badezusatz aufgegossenen Knospen zu spürbarer Linderung. Hautgeschwüre, die durch schlechte Blutversorgung entstehen, können mit Umschlägen aus Tannenknospen-Aufguss ausgetrocknet werden. Das weiche, im Gegensatz zur Fichte harzfreie Holz der Tanne wird praktisch für die gleichen Zwecke wie Fichten-

Schatzhauser

Schatzhauser im grünen Tannenwald,
bist schon viel hundert Jahre alt.
Dein ist all Land, wo Tannen stehn,
lässt dich nur Sonntagskindern sehen.

Wilhelm Hauff

holz verwendet. Spezielle Einsatzgebiete für Tannenholz sind die Herstellung von Chemiebehältern, Resonanzböden im Instrumentenbau, Schindeln und der Wasserbau.

Die Ulme

Ihr gabt mir zwei Namen, nämlich Ulme und Rüster. Und doch meint ihr eigentlich drei von meiner Art: Berg-, Feld- und Flatterulme. Meist wachse ich versprengt oder in kleinen Gruppen in den Wäldern. Auch als Straßen- oder Parkbaum verschönere ich eure Landschaft. Wir Ulmen erreichen eine stattliche Größe. Daran und an unserem langschäftigen Stamm und der hohen, rundlichen, reich verzweigten Krone erkennt ihr uns. Wir variieren ungemein in der Größe und Form unserer Blätter. Wir sind sehr anspruchsvoll und verlangen hohe Luftwärme. Zu Hause sind wir in Europa bis Westasien, Nordafrika und Nordiran. Unsere Gattung „Ulmus" umfasst 45 Arten.

Ihren Platz im Baumkreis hat die Ulme vom 12. bis 24.Januar und vom 15. bis 25.Juli.

Menschen, die unter dem Zeichen der Ulme geboren wurden, sind Realisten. Sie sind stets hellwach, keine Situation kann sie wirklich überraschen. Sie scheinen jederzeit gegen alle Unannehmlichkeiten gewappnet zu sein. Vor ihnen haben beschönigende Worte oder Handlungen keinen Bestand. Es ist ihr Streben, jeder Sache auf den Grund zu gehen, um anhand von Fakten die Ursachen zu ergründen. Mit fester Entschlossenheit suchen sie nach Klarheit und Wahrheit. Ihre Mitmenschen bewundern sie wegen ihrer Geradlinigkeit und ihres beeindruckenden Sachverstands. Bei ihnen kann man sicher sein, dass sie alles so meinen, wie sie es sagen. Ehrlichkeit gegenüber sich selbst und ihren Mitmenschen ist ihre wertvollste Tugend. Daher fällt es ihnen leicht sich fest entschlossen für ihre eigenen Interessen und die ihrer Mitmenschen einzusetzen.

Wissenswertes und Charakteristisches Bis weit in die Antike geht der Brauch zurück, Bäume wie Ulme, Birke oder Tanne als Festbaum zu schmücken und um sie herum zu feiern und zu tanzen. Der Maibaum ist der älteste dieser Festbäume. Die Ulme symbolisierte für die Kelten den Frühling und das Erwachen der Natur. Außerdem galt er als Glücksbringer für Gesundheit und Fruchtbarkeit. Glück brachte dieser charismatische Baum auch den Menschen Amerikas. Als Freiheitsbaum ging eine Ulme in die amerikanische Geschichte ein: unter ihr, dem „tree of liberty“, so nannten ihn nun die freien Bürger Bostons, feierten sie 1766 den Widerruf der britischen Stempelsteuer.

Im Volksmund wird die Ulme auch „Rüster“ genannt. Dieser Name leitet sich vom althochdeutschen „rust“ (= Ulme) ab. Die Ulme erscheint in einer beachtliche Größe von bis zu 40 Metern in unserem Landschaftsbild und ist mit einem ehrwürdigen Alter von über 400 Jahren gesegnet. Wegen des scheinbar unaufhaltsamen Ulmensterbens, 1920 durch den Pilz „ceratocysts ulmi“ ausgelöst, versucht man Ulmenarten zu züchten, die gegen diesen Erreger resistent sind. Sollten diese Maßnahmen erfolglos bleiben, werden die stattlichen Ulmen leider langsam aussterben.

Heilkräfte und Nutzen Seit der Antike wird die Ulme in der Heilkunde verwendet. Man nahm an, dass die Wurzel ein gutes Haarwuchsmittel sei, und die in den Gallen enthaltene Flüssigkeit wurde bei Augenkrankheiten angewendet. Heute wird die Essenz junger Zweige in der Homöopathie genutzt. Das Holz der Ulme, verarbeitet „Rüster" genannt, ist schwer, ziemlich hart und außerordentlich fest. Aufgrund seiner schönen Maserung gehört Rüsterholz zu den dekorativsten Hölzern. Es ist in erster Linie ein gehobenes Ausstattungsholz, mit dem man vornehme Räume gestaltet und hochwertige Möbel herstellt. Durch seine Festigkeit und Schönheit ist es sowohl als Bauschreinerholz für Treppen als auch in der Drechslerei sehr begehrt. Besonders gesucht und hoch bezahlt ist der sogenannte überragend schöne Rüstermaser für kostbare Furnier- und Drechslerarbeiten. Diese außergewöhnliche Maserung entsteht durch Knospenwucherungen am Stamm dieses Baumes.

Vollkommenheit erlangt nur der Baum, der allein steht.
Toyotama Tsumo

Die Zypresse

Mich, die immergrüne Zypresse, erkennt ihr an meiner großen Gestalt und der tief angesetzten, säulenförmigen Krone und meinen je nach Art unterschiedlich großen Zapfen. Meine Blätter sind schuppenförmig, aber nicht mit Nadeln zu verwechseln. Ich bin besonders licht- und sonnenhungrig. Ich wachse in vielen verschiedenen Formen und bin in den Küstenländern des Mittelmeers, in Kleinasien, Iran und Nordamerika zu Hause. Meine Gattung umfasst 18 Arten. Wichtig für euch: Manchmal sind bestimmte Teile von mir für euch Menschen giftig.

Ihren Platz im Baumkreis hat die Zypresse vom 25. Januar bis 3. Februar und vom 26. Juli bis 4. August.

Menschen die im Zeichen der Zypresse geboren wurden, stehen oft über den Dingen. Nichts Irdisches kann sie erschüttern. Selbst größtem Leid sind sie gewachsen, ohne dass ihre Seele in Mitleidenschaft gezogen würde. Sie stehen im Leben, als wäre heute ihr letzter Tag in dieser Welt. Voller Zuversicht schreiten sie voran. Nichts und niemand kann sie aus der Ruhe bringen. Mit ihnen kann man den vielfältigen Zauber der Natur und des Lebens entdecken. Unbekanntem und Fremdem begegnen sie mit einer geradezu übernatürlichen Gelassenheit und unerklärbarem Verständnis. Nach ihrer Auffassung verläuft alles nach einem festen Plan der Natur und des Lebens. Ihre Intuition führt sie sicher durch alle Veränderungen. Meist fühlt man sich mit diesen Menschen auf eine besondere, unerklärbare Art und Weise sofort verbunden.

Wissenswertes und Charakteristisches Schon in der Antike galt die immergrüne Zypresse als ein mystischer Baum. Für Plato stellte sie das Symbol der unsterblichen Seele dar und die Römer weihten sie ihrem Totengott Pluto. Wahrscheinlich ist auf den Jüngling Kyparissios zurückzuführen, dass die Zypresse als Symbol der Trauer gilt. Versehentlich tötete er seinen den Nymphen geweihten geliebten Hirsch. In seinem Schmerz bat er die Götter, sie mögen ihm erlauben auf ewig zu trauern – darauf verwandelten sie ihn in eine Zypresse. Düster und melancholisch treffen wir diesen Nadelbaum auch heute noch oft auf unseren Friedhöfen an. Vincent van Gogh hat die Zypresse als eines seiner Lieblingsmotive eindrücklich auf verschiedenen Gemälde festgehalten.

Die Natur ist das einzige Buch, das auf allen Blättern großen Gehalt bietet.
Johann Wolfgang von Goethe

Bereits Millionen Jahre vor den Laubbäumen wuchsen auf der Erde Zypressen. Im alten Europa bildeten sie riesige wohlriechende Sumpfwälder, die im Lauf der Zeiten untergingen und sich dann in den tiefen Erdschichten zu Braunkohle verwandelten. Zypressen gehören zu den ältesten Bäumen auf unserem Planeten, denn sie werden rund 900 Jahre alt. Die bis zu 60 Meter hohen Bäume werden oft mit den Zedern verwechselt.

Heilkräfte und Nutzen Die immergrüne Zypresse war schon in der Antike ein viel beachteter Baum und wegen ihres heilkräftigen Duftes berühmt. So ist ihre Verwendung in der Volksmedizin auch mannigfaltig. Aus den Zapfen gewinnt man ein ätherisches Badeöl, Alkohol- und Ölauszüge werden bei Gicht und Rheuma oder sonstigen Erkrankungen angewandt. Das harzreiche Holz der Zypresse hat matten Glanz, ist schlicht und dauerhaft. Es wird besonders für dekorative Möbel und Bauschreinerarbeiten sowie im Kunsthandwerk verwendet.

Die Zeder

Auch ich, die Zeder, bin ein immergrüner Baum. Ihr erkennt mich an meiner pyramidenförmigen, sehr unregelmäßigen, breiten, etwas lückenhaften Erscheinung und – an meinem unvergleichlichen Duft. Meine Nadeln habe ich zu hübschen Büscheln zusammengefasst und meine blassbraunen Zapfen stehen nach oben. Wir Zedern wachsen nur in sehr milden und geschützten Lagen, denn wir sind sehr frostempfindlich. Eine Besonderheit ist es wohl, dass wir von den Termiten nicht angegriffen werden. Meine Heimat habe ich im Mittelmeergebiet und auf dem Dach der Welt, im Himalayagebirge. Nach diesem Gebirge habt ihr auch eine Art von uns, die Himalaya-Zeder, benannt. Wir gehören zu den Kieferngewächsen.

Ihren Platz im keltischen Baumkreis hat die Zeder vom 9. bis 18.Februar und vom 14. bis 23.August.

Menschen, die im Baumzeichen der Zeder geboren wurden, zeichnen sich durch unendliche Geduld und Ausdauer aus. Sie umgibt immer etwas Mystisches, denn ihre schon als Kunst zu bezeichnende Fähigkeit der beständigen Veränderung und Anpassung scheint nicht von dieser Welt zu sein. Dadurch nehmen ihre faszinierenden, mitreißenden Visionen sicher Gestalt und Form an. Sie halten sich nicht lange mit Vergangenem auf, denn sie haben die seltene Fähigkeit aus gewonnenen Erkenntnissen neue Möglichkeiten zu erschaffen. Sie schauen weit voraus und dies macht es ihnen möglich scheinbar utopische Vorhaben in die Tat umzusetzen. Mit traumwandlerischer Beständigkeit entwickeln sie atemberaubende Strategien, die sie ihrer Idee immer näher bringen. Hierfür binden sie auch die Fähigkeiten und Kenntnisse ihrer Mitmenschen ein.

Wissenswertes und Charakteristisches Alle Völker der Erde kennen in ihren Kulturen und Religionen einen oder sogar mehrere heilige Bäume. Was den Kelten der Apfelbaum oder die Eiche war, ist den Griechen der Ölbaum oder die Weide. Stets symbolisieren solche Bäume die immerwährende Regeneration des Lebendigen. Auch die älteste Dichtung der Menschheit, das Gilgamesch Epos, berichtet von einem solch heiligen Baum – einer mächtigen Zeder. Wie hoch angesehen Bäume in jener Zeit waren, zeigt die Überlieferung: Enkidu, der in der Sage die Zeder fällt, muss seinen Baumfrevel mit dem Leben bezahlen. Wegen ihres unvergleichlichen Duftes und ihrer majestätischen Gestalt war die Zeder bei den Kelten und auch den Ägyptern sehr geschätzt. In der unversehrten Grabkammer des ägyptischen Pharaos Tut-Ench-Amun fand man wundervolle Thronsessel und Truhen aus Zedernholz. Heute sind die echten Zedern nahezu ausgestorben. Sie gehören zu den ältesten Bäumen dieser Erde und erreichen das erhabene Alter von 1000 Jahren.

Heilkräfte und Nutzen Im Altertum war die Zeder besonders wegen ihres wohlriechenden Öls sehr beliebt. Der Volksmund erzählt, dass Zedernöl selbst bei Mottenbefall hilft. Speziell in der Heilkunde wird es erfolgreich angewendet. Es hat als ätherisches Öl eine beruhigende Wirkung und hilft bei Atembeschwerden. Außerdem bringt es Linderung bei Hautausschlägen und dient als Massageöl. Das rötlichbraune Zedernholz wird wegen seiner schönen Maserung und Wetterfestigkeit gern im Möbel- und Schiffsbau verwendet oder auch zu witterungsfesten Schindeln verarbeitet.

Die einsame Zeder

Ich wachse langsam, meine Zeit
ist eine lange Geduldigkeit.
An jedem wachs ich, was ich ward,
kein Reif zu jäh, kein Frost zu hart.
Ich dulde Blitz und Glut und Guss
ich weiß nur, dass ich wachsen muss.

Leontine von Winterfeld-Platten

Die Kiefer

Hier spricht die immergrüne Kiefer zu euch. Ihr kennt sicherlich meinen langen und großen Wuchs oder auch meine kleinere Strauchform. Meine Krone habe ich hoch oben angesetzt, damit ihr, ob in guten oder schlechten Zeiten, zu mir aufschauen könnt. Ich habe sie, aus rein zweckmäßigen Gründen, etwas schirmförmig, locker und unregelmäßig gestaltet. Mein schuppiger rötlicher Stamm ist meist astfrei und manchmal auch etwas gebogen oder gekrümmt. Besonders markant sind meine an den Zweigenden büschelig zusammengefassten langen Nadeln und die verschieden gestalteten Zapfen. Wenn ihr in einen Kiefernwald kommt, könnt ihr das duftende Harz riechen, das ich verströme. Meine Heimat habe ich mit meinen rund 90 Arten, die wir zur Gattung „Pinus" gehören, in Europa und Asien. Unsere euch wohl bekanntesten Arten sind die Zirbel-, Weymouths-, Wald-, Schwarz- und Bergkiefer.

Ihren Platz im keltischen Baumkreis hat die Kiefer vom 19. bis 29. Februar und vom 24. August bis 2. September.

Menschen, die im Baumzeichen der Kiefer geboren wurden, sind sehr genügsam. In ihren Bedürfnissen können sie sehr bescheiden sein und stellen keine übertrieben große Erwartungen an sich und ihre Mitmenschen. Ihre Anspruchslosigkeit ist beispielhaft und verleiht ihnen die Basis zu Reichtum jeder Art. Wenn es die Zeit erfordert, geben sie sich auch mit dem Geringsten zufrieden und es gelingt ihnen, aus schwierigen Situationen gestärkt und mit Gewinn hervorzugehen. Sie denken sehr wirtschaftlich und setzen ihre Ressourcen sparsam und planvoll ein. Sie sind äußerst uneigennützig, deshalb suchen ihre Mitmenschen immer wieder ihren Rat in scheinbar aussichtslosen Situationen. Ihre bescheidene, gutmütige Art weckt Vertrauen und ermutigt ihre Mitmenschen zu persönlichen und vertraulichen Gesprächen.

Wissenswertes und Charakteristisches Im Leben der Kelten nahm die Kiefer eine sehr bedeutende, ja sogar lebenswichtige Rolle ein. Mit dem harzreichen Holz ihres „Fackelbaums" beleuchteten sie beispielsweise ihre Versammlungsplätze, an denen sie viele Dinge des gemeinschaftlichen Lebens besprachen. Ihre Fackeln entfachten sie mit Kienspänen, die sie aus Kiefernholz grob schnitzten und mit Harz tränkten. Ebenso entzündeten sie mit den getränkten Spänen ihre Lagerfeuer, an denen sie sich wärmten, kochten und schliefen. Der „Baum des Lichts", wie die Kelten die Kiefer auch nannten, spendete ihnen das wertvolle Harz, indem sie Einschnitte in seine Rinde vornahmen und so die kostbare Flüssigkeit in eigens aufgestellte Gefäße floss. Das Harz diente ihnen dann für die verschiedensten alltäglichen Zwecke. Das Baumharz war bei den Völkern dieser Epoche lange Zeit ein gesuchtes Tauschmittel. Bis heute ist die Kiefer der ergiebigste Harzlieferant und einer der harzreichsten Bäume überhaupt.

Sehr eng war und ist die Kiefer mit der Zahl Fünf verbunden. Der Samen trägt fünf Nadeln und jährlich treibt der Baum mit fünf neuen Trieben. Aus diesen wachsen dann wieder fünf neue Zweige. Der typische gelbe Blütenstaub ist kennzeichnend und markant für den Kiefernwald. Im Volksmund wird die Kiefer gerne auch als Föhre, Forche, Dale oder Kienbaum bezeichnet. Der Name Kiefer entwickelte sich vermutlich aus dem Wort „Kien", dem Span, der zum Feuermachen diente. Einst bildeten die Kiefern fast die

Aus einem kleinen Samen
wird ein großer Baum
Sprichwort

Hälfte unserer gesamten Waldfläche. Legendär ist ihre Anspruchslosigkeit. Dieser Baum wächst und gedeiht auch auf den magersten Böden und ist durch diese seltene Eigenschaft ein typischer Pionierbaum. Zum Überleben begnügt er sich mit viel Licht und Sonne. Kiefern werden bis zu 40 Meter groß und rund 600 Jahre alt. Die sogenannten Grannen-Kiefern gehören mit einem Alter von 4000 Jahren zu den ältesten Lebewesen der Erde.

Heilkräfte und Nutzen Die Heilkräfte der Kiefer, die auch den Kelten bekannt waren, dienen dem Menschen seit Jahrhunderten und sind sehr vielfältig. So lassen sich zum Beispiel aus den frischen oder auch getrockneten Knospen Aufgüsse und Sirup herstellen. Jeder kennt sicherlich den wohltuenden, entspannenden Badezusatz aus Kiefernharz. Auch bei der Erkrankung der Atemwege helfen die aus dem Harz gewonnenen, wohlriechenden Öle der Kiefer.

Ihr mittelschweres Holz ist ein bevorzugtes Material im Möbel- und Wohnungsbau und wirkt wegen seiner braunroten Kernfärbung sehr dekorativ. In diesen Bereichen treffen wir es als Fußböden, Türen, Treppen, Decken- und Wandverkleidungen und vieles mehr an. Es ist relativ weich, aber doch fest genug, um plastisch gestaltete Möbel oder auch Fenster daraus zu fertigen. Wegen des Harzgehalts ist es sehr witterungsbeständig, obwohl es manchmal aufgrund von nicht Holz zerstörenden Pilzen „blau“ wird; dies tut aber der Festigkeit keinen Abbruch. Beim Zuschneiden von Kieferbrettern verbreitet sich ein angenehm vom Harz getränkter Duft. Besonders im Hoch- und Tiefbau, in der Zimmerei und im Werkstoffbau wird Kiefernholz als Konstruktionsholz verwendet. Im Bergbau hilft die Kiefer das Leben der Kumpel zu schützen, denn Träger aus ihrem Holz warnen durch laute Knistergeräusche rechtzeitig vor der Überlastung des Stollens.

Die Weide

Ich, die Weide, bin euch in zwei sehr unterschiedlichen Gestalten bekannt. Obwohl ich nicht trauere, habt ihr mich zum einen wegen meiner überhängenden, langen Zweige Trauerweide getauft, sicherlich um eurer eigenen Trauer und Melancholie ein Sinnbild zu geben. Zum anderen nennt ihr mich Korbweide wegen meiner besenförmigen Krone, die dadurch entsteht, dass ihr meine Zweige beschneidet. Ich bin raschwüchsig, genügsam, aber sehr lichthungrig. Ich liebe feuchte, sumpfige Plätze. Meine Heimat haben ich und meine rund 500 Arten, die zur Gattung „Salix" gehören, in Europa und Asien. 30 Arten davon sind bei euch in Mitteleuropa heimisch.

Ihren Platz im Baumkreis hat die Weide vom 1. bis 10. März und vom 3. bis 12. September.

Menschen, die im Zeichen der Weide geboren wurden, können wahre Energiebündel sein. Ihre Ausdauer ist sprichwörtlich und lässt jeden bewundernd über ihre Leistungsfähigkeit staunen. Nichts kann sie aufhalten ihre Ideen in die Tat umzusetzen. Ihre Vorhaben setzen sie daher spontan und mit einer alles begeisternden Energie um. Ihr Tatendrang ist so gewaltig, dass sie scheinbar Unmögliches mit spielerischer Leichtigkeit vollbringen. Ihre Flexibilität selbst in schwierigen Situationen löst anerkennende Bewunderung und Erstaunen aus. Sie sind geschätzte Helfer in der

Not und lösen auch schwierige Probleme zum Vorteil und zur Zufriedenheit aller Beteiligten. Sie weichen mit dieser Fähigkeit auch den meisten unangenehmen Begebenheiten aus und gewinnen dabei für sich ein Stück mehr Zufriedenheit und Freude am Leben.

Wissenswertes und Charakteristisches Im Mittelalter gelangte die Weide zu zweifelhaftem Bekanntheitsgrad, denn die Menschen glaubten zu jener Zeit tatsächlich, dass die Hexen auf Besen aus Weidenruten durch die Lüfte ritten. Es ging die Sage vom „Hexenbaum" um. Im antiken Griechenland ordneten die Menschen jedem ihrer Götter bestimmte Bäume zu. Und auch hier spielte die Weide eine wichtige Rolle: In ihr verehrten die Griechen ihre Göttin des Waldes, „Artemis".

Weiden sind meist strauchartig, nur wenige Arten wachsen zu stattlichen Bäumen heran. Zwei der häufigsten und größten wild wachsenden Arten sind die Silber- und die Trauerweide. Weiden gehören zu den wenigen Bäumen, die im Gegensatz zu den Windblütlern von Insekten bestäubt werden. Sie können eine Höhe bis 25 Meter erreichen und 200 Jahre alt werden. Zwei Weidenarten zählen offiziell zu den kleinsten Bäumen der Welt: die Netzweide und die Krautige Weide. Diese beiden Vertreter der Weidenart werden lediglich drei Meter hoch. Die Zweige der Salweide wurden geweiht und als Ersatz für Palmzweige benutzt.

Heilkräfte und Nutzen Schon die Ärzte der Antike schätzten die Heilkräfte der Weide. Im 16. Jahrhundert pries Mattioli die Wirksamkeit der Weidenblätter gegen Schlaflosigkeit und im 17. Jahrhundert wurde die Rinde als Fieber senkendes Mittel genutzt. Der hohe Salicingehalt wird heute weltweit als vielseitig wirkender Stoff in Medikamenten eingesetzt. Aus dem weichen, sehr biegsamen Holz der Weide werden mit viel Geduld und handwerklichem Können Korbwaren geflochten. Ihr zudem sehr leichtes Gewicht macht sie im Sanitätsbereich, etwa für das Fertigen von Prothesen, zu einem sehr nützlichen und unentbehrlichen Werkstoff.

Der Weidenbaum
Im Wiesengrund am Gartensaum
noch gar nicht alt mein Weidenbaum,
noch biegsam jung und gar nicht alt –
sieh seine ziere Baumgestalt.
Hermann Claudius

Die Linde

Mich, die Linde, erkennt ihr an meiner dichten und, wenn ich genügend Platz habe, runden Krone und meinem stattlichen, meist mächtig dicken Stamm und meinen starken Wurzeln. Meine Hauptäste verzweigen sich schon im unteren Teil meiner prächtigen Krone. Ich lasse mir Zeit beim Wachsen in mäßig tiefem Boden. Ich bin sehr empfindlich gegen eure Abgase. Meine rund 50 Arten der Gattung „Tilia", zu der auch ich gehöre, sind in Europa und Kleinasien zu Hause. Auf den britischen Inseln sind wir leider gar nicht vertreten. Hauptsächlich unterscheiden wir uns für euch als Sommer- und Winterlinden.

Ihren Platz im keltischen Baumkreis hat die Linde vom 11. bis 20. März und vom 13. bis 22. September.

Die im Baumzeichen der Linde Geborenen zeichnen sich durch besonderen Gerechtigkeitssinn und eine ausgeprägte Harmoniefähigkeit aus. Sie können sich gut in die Lage ihrer Mitmenschen versetzen, um eine akzeptable Lösung in jeder Situation zu entdecken. Keine noch so kleine Ungerechtigkeit bleibt ihrem aufmerksamen Blick verborgen, und sie sind es dann auch, die sich für einen baldigen und gerechten Abschluss der Angelegenheit einsetzen. In ihrer Gesellschaft wird es nie langweilig. Ihre sprichwörtliche Lebensfreude überträgt sich auf alle Menschen in ihrer Umgebung. Sie sind wahre Meister der Geselligkeit und verbinden die Menschen miteinander. Sie teilen mit ihren Mitmenschen Freud und Leid und gehen mit ihnen als gute, treue Freunde und Partner durchs Leben.

Wissenswertes und Charakteristisches Für die Kelten und Germanen fungierte die Linde als Gerichtsbaum, unter dem sie ihre Gerichtsverhandlungen und Thingversammlungen abhielten. Streit wurde unter ihm zum Frieden gelindert. Für sie hatte die Linde Weissagungs- und Heilkräfte, denn durch diesen Baum, so glaubten sie, würde die Wahrheit ans Licht kommen. Vor allem war die Linde aber auch ein Ort der Kommunikation und der Freude. Unter dem Baum der Liebes- und Fruchtbarkeitsgöttin Freya trafen sich die Menschen, um zu tanzen, Erfahrungen auszutauschen und Feste zu feiern.

Wie kaum ein anderer Baum ist die prächtige, Schatten spendende Linde mit dem Volk verwachsen. Ihr Name leitet sich aus dem nordgermanischen „linda“ (= binden) ab, denn früher verwendete man den Lindenbast für vielerlei Bindearbeiten. Linden erreichen von unseren heimischen Laubbäumen mit das höchste Alter. Sie können bis zu 1000 Jahre alt

Vor dem Baum soll man sich neigen, von dem man Schatten hat.
BAUERNWEISHEIT

werden und einen Stammdurchmesser von stattlichen fünf Metern erreichen.

Heilkräfte und Nutzen Die Heilkräfte der Linde sind bis heute bekannt und werden auf die verschiedensten Arten genutzt. So kann man zum Beispiel bei Erkältung und Fieber mit einem aus getrockneten Lindenblüten aufgegossenen, Schweiß treibendem Tee „Linde"rung finden. Auch das Holz der Linde lässt sich vielfach verwenden. Lindenholz lässt sich besonders gut vergolden. Daher sind viele Meisterwerke des Mittelalters aus diesem weichen, feinen, wenig arbeitenden Holz geschnitzt. Wegen seiner mannigfachen Verwendung in der Sakralkunst wurde es daher auch als das Heiligenholz, „Lignum sacrum", bezeichnet. Heute wird es für Modelle, Spielwaren, Prothesen und Furnier sowie für Bildschnitzarbeiten aller Art verwendet.

Der Ölbaum

Ich, der Ölbaum, überdauere die Zeiten. Ihr erkennt mich an meiner knorrigen, kräftigen Gestalt und meinen schmalen silbernen Blättern. Ich trinke aus dem trockensten Boden noch jedes Tröpfchen Wasser. Da ich sehr bescheiden bin, kann ich auch am besten in der Sonne gedeihen. Meine Heimat habe ich, der echte Ölbaum, im Orient. Heute wachsen rund 30 immergrüne Arten von mir auf allen fünf Kontinenten. Besonders in Spanien bin ich stark vertreten.

Seinen Platz im Baumkreis hat der Ölbaum am 23. September, der Tag- und Nachtgleiche, dem Herbstanfang.

Ölbaum-Geborene sind von einem Hauch ewiger Beständigkeit umgeben. Ruhig und gelassen vollbringen sie ihr Lebenswerk und sind dabei in voller Aufmerksamkeit ganz in sich selbst versunken. Ihre Kraft für noch so schwere Aufgaben und Herausforderungen schöpfen sie aus einem unendlichen Durchhaltevermögen. Ihr Zeithorizont scheint in weiter Ferne zu liegen, denn sie leben im Augenblick und deshalb kümmert sie der Alltag nicht. Mit ihrer Zuversicht und ihrem dauerhaften Festhalten vollbringen sie Außergewöhnliches. Für ihre Mitmenschen sind sie wie ein Baum, an den man sich anlehnen kann und weiß, dass man gegen alle Widrigkeiten beschützt ist. Ihr Rat ist gefragt und oft sind es langfristige Dinge, die man durch sie erfährt, denn sie sind berühmt für ihren Weitblick und ihre Besonnenheit.

Wissenswertes und Charakteristisches Im Altertum galt der Ölbaum als Baum der Weisheit. Etliche Völker ordneten ihm einen ihrer Götter zu. In Griechenland erschien Herakles im wilden Ölbaum von Olympia und Athenes Geburtstag feierte man, indem man den Ölbaum der Akropolis festlich schmückte. Unter diesen heiligen Bäumen brachte man Opfer dar und verehrte sie so sehr, dass man sie sogar als Götter verkleidete. Diese geweihten Bäume durften von niemandem gefällt werden. Wer dies dennoch tat, wurde mit dem Tod bestraft.

Der Ölbaum, eine der ältesten und wichtigsten Kulturpflanzen für die Völker am Mittelmeer, wurde bereits vor Jahrtausenden in Asien angepflanzt, wo wir ihn auch heute noch wild wachsend antreffen. Der Olivenbaum, wie er wegen seiner Früchte auch genannt wird, gelangte 1000 v. Chr. nach Italien. Von dort brachten ihn die Phöniker nach Frankreich. Der Baum wird 10 Meter hoch und erreicht ein Alter von 1000 Jahren.

Heilkräfte und Nutzen Den Ölbaum, den immergrünen, langlebigsten Baum Europas, verehrten bereits die antiken Völker wegen seines unschätzbaren Segens für den Menschen. Das Massieren mit Olivenöl galt in der Antike als wahrer Jungbrunnen. Sorgfältig aufbereitet, ist die Olive ein wertvolles Nahrungsmittel. Als einzigem kalt gepresstem Öl wird Olivenöl eine heilsame und kräftigende Wirkung zugesprochen. Ölbaumholz, wegen seiner marmorartigen Zeichnung auch „Marmorholz" genannt, wird in Kunstschreinereien für feine Arbeiten verwendet.

Schweigt der Menschen laute Lust:
Rauscht die Erde wie in Träumen
Wunderbar mit allen Bäumen.
Was dem Herzen kaum bewusst.
Joseph von Eichendorff

Die Buche

Mich, die Buche, erkennt ihr an meinem stattlichen, geraden, silbergrau perlmuttglänzenden, fast glatten Stamm und der hoch angesetzten Krone. Wenn ich frei wachsen kann, ist sie fast kugelrund und sehr breit, was euch sehr großes Gefallen bereitet. Wie ich den Schatten selbst liebe, so spende ich ihn euch auch gern. Meine einfachen, für mich typischen, breit-ovalen bis elliptischen Blätter sind am Rand etwas gekerbt oder gezähnt. Gegen Trockenheit und Nässe bin ich empfindlich. Für euch bin ich wichtig, da ich einen großen Teil eurer Wälder bilde. Als Rotbuche, wie ihr mich nennt, bin ich die einzige Vertreterin dieser Art in Mitteleuropa. Unsere Heimat haben ich und meine rund zehn Arten der Gattung „Fagus" in Europa, Asien und Nordamerika.

Ihren Platz im Baumkreis hat die Buche am Winteranfang, dem 22. Dezember.

Die im Zeichen der Buche Geborenen umgibt immer etwas Geheimnisvolles. In ihrer Gegenwart erhält die Zeit etwas unergründlich Rätselhaftes und Unendliches. Sie vollbringen scheinbar Unmögliches mit bewundernswerter Leichtigkeit und mit Hilfe günstiger unerklärbarer Zufälle. Sie bewirken Begebenheiten, die günstigen Einfluss auf das Schicksal ihrer Mitmenschen haben. Meist haben sie eine überraschende Erklärung für unbegreifliche Situationen. Intuitiv ergreifen sie die sich bietenden Chancen und handeln entschlossen und verantwortungsbewusst. Sie strahlen ein tiefes Vertrauen auf ihre Umwelt aus. In ihrer Nähe fühlt man sich inspiriert und geborgen. Sie vertrauen in ihre verborgenen Kräfte, die sich erst nach einer längeren Zeit zu erkennen geben.

Wissenswertes und Charakteristisches Wie alle Symbole hat auch das Symbol des Baumes eine gegensätzliche Bedeutung. So erklärt sich, dass in den Mythen der Völker ein Geburtsbaum immer auch ein Todesbaum ist. Aus seinem Holz wird die Wiege und auch der Sarg gefertigt. Christus wird durch seinen Tod „am Todesholz von Golgatha" zum Symbol der Auferstehung. Auch die Begebenheiten unter der „Judenbuche" zu Paderborn in unserer jüngsten Vergangenheit lassen die Zusammenhänge von Lebens- und Todesbaum erkennen.

Buchenwälder sind „Heilige Hallen", sagt der Volksmund. Früher war die Buche in den Wäldern Mitteleuropas der vorherrschende Baum, wobei man ihr Holz lediglich als Brennholz verwendete, bis man um 1800 systematisch begann, die Fichte als Nutzholz anzupflanzen. Buchenholz ist heute eine der wichtigsten Industrieholzarten überhaupt. Rund ein Viertel des gesamten jährlichen Holzeinschlags sind Buchen.

Heilkräfte und Nutzen Das zähe, harte, schwere und vor allem feste Holz der Buche, das rund 300 Jahre alt werden kann, ist rötlichweiß und lässt sich nach dem Dämpfen besonders gut biegen. Es wird daher oft für Formteile wie Stühle, Gehäuse und Dekostücke verwendet. Besonders als Bau-, Möbel- sowie Gebrauchsholz ist es wegen seiner Langlebigkeit und Schlichte sehr beliebt. Entsprechend vielseitig sind die Verwendungsbereiche im Innenausbau. Außerdem werden aus ihm Werkbänke, Werkzeug- und Gerätegriffe sowie Stiele aller Art gefertigt. Gerne wird es als Furnier und als Zellstoff verwendet. Durch seine dezente Farbe und einfache Zeichnung empfinden wir Buchenholz als freundlich und fühlen eine natürliche Wärme und Geborgenheit.

Die „Mutter des Waldes", wie die Buche im Volksmund wegen ihrer Boden erneuernden Eigenschaft auch heißt, wirft ihre Früchte im Herbst ab. Diese Bucheckern liefern ein sehr gutes Speiseöl. Roh kann man sie allerdings nicht genießen, da sie Vergiftungen hervorrufen. Auch unsere Sprache hat ihre Wurzeln bei der Buche: Aus mit Runen beschrifteten Buchenstäben wurde der „Buchstabe".

Habt Ehrfurcht vor dem Baum, er ist ein einziges großes Wunder; euren Vorfahren war er heilig. Die Feindschaft gegen den Baum ist ein Zeichen der Minderwertigkeit eines Volkes und von niederer Gesinnung des einzelnen.
Alexander von Humboldt

Keltisches Baumorakel

Das geheimnisvolle, unsichtbare Tor zur Botschaft der Bäume öffnet sich, sobald wir das Orakel befragen. Wir erhalten Zugang zur ewig gültigen Wahrheit der Natur. Wir finden zu uns selbst, denn in uns selbst schlummern alle Antworten.

Der Ursprung des Orakels

Was ist eigentlich ein Orakel? Es heißt, Orakel seien Orte, an denen die Götter Weissagungen erteilen. Meist sind es mystische, geheime Orte. Verbinden wir mit diesen Vorhersagen nicht alle auch etwas Rätselhaftes? Sehen wir, sobald dieser Begriff auftaucht, vor unserem geistigen Auge eine felsige Kultstätte auf einem erhabenen Berg, umringt von sehr alten Bäumen, inmitten derer ein Opfer dargebracht wird? Sehen wir einen Priester, einen Weisen, ein Stammesoberhaupt oder einen Druiden, die Arme weit ausgebreitet gegen den Himmel gestreckt, fragend oder beschwörend bei einem Ritual? Was verbinden wir mit diesen Bildern? Orakel waren in der Menschheitsgeschichte zum einen Orte, an denen Wahrsagungen erteilt wurden und zum anderen waren sie die Weissagungen selbst, also Vorhersagen über die Zukunft. Die Kunst der Wahrsage oder des Vorhersagens reicht von der Antike bis in unsere heutige Zeit hinein, wo sie von verschiedenen Völkern und Menschen praktiziert wird.

Mittler zwischen den Welten

In Tibet leben Mönche, die, sobald sie einen durch Tanz ekstatischen Zustand erreicht haben, dem Dalai Lama spezielle und weit reichende Fragen beantworten können. Diese Menschen sind also selbst Orakel, wobei sie nicht nur die Zukunft vorhersagen, sondern auch als Beschützer und Helfer dienen. Männer und Frauen werden bei den Tibetern als Medium zwischen dem natürlichen und dem geistigen Reich verstanden. Durch das bekannteste Orakel Tibets, das Nechung-Orakel, offenbart sich eine der Schutzgottheiten des Dalai Lama. Seit Jahrhunderten besteht die Tradition es zu Jahresbeginn zu befragen. Der Dalai Lama hält an dieser Art der Informationsbeschaffung auch heute noch fest, weil sich schon oft erwiesen hat, dass das Orakel mit seinen Antworten recht hatte.

Mit oder durch ein Orakel wollen wir in die Zukunft schauen. Wir wollen durch dieses Medium erfahren, was in der Zukunft geschehen wird und wie wir uns verhalten sollen. Menschen, die als Orakel oder Medium fungieren, wie zum Beispiel die Druiden der Kelten, bezeichnen wir als Seher oder Wahrsager, und es gibt, heute wie gestern, Menschen, die uns ein Stück der Zukunft aufzeigen können und sie vielleicht auch „sehen". Voraussehen, ahnen, weissagen, die Zukunft deuten – dies sind die Begriffe, die wir mit dem Orakel verbinden. Wir möchten auf unser Leben vorbereitet sein. Wir wollen und wir hoffen, dass unsere heutigen Wünsche und Vorstellungen morgen Wirklichkeit sind. Deshalb fragen wir andere und holen uns aus deren Mund die Bestätigung für unsere Hoffnungen.

Antworten aus der Zukunft

Aus dem Mund eines anderen erhalten wir die Botschaft des Orakels, die unser Leben in der Zukunft verändern und bestimmen wird. Ist deshalb das Wort „oral" so nah mit dem Wort „Orakel" verwandt? Eine andere, neue Bedeutung erhalten wir durch die Mönchsregel „Ora et labora!: bete und arbeite!" aus dem Mittelalter. Dem Gebet, dem gesprochenen Wort, wird in diesem Grundsatz eine sehr wichtige Bedeutung zugemessen.

In nahezu allen Religionen und Kulturen hatten und haben die Orakel eine bedeutende Rolle gespielt. Die bekanntesten und wichtigsten Orakelstätten in der Historie waren das kanaanäische Kadesch, Delphi mit der Pythia,

Dodona und andere. Die Etrusker entwickelten aus ihrer Fertigkeit der Wahrsage eine wahre Orakelkunst.

Bei den Kelten und Germanen hatte das Werfen von Holzstäben, in die Runen eingeritzt waren, die Funktion eines Orakels. Es diente dazu Vergangenheit, Gegenwart und Zukunft auszumachen und zu deuten. Die Runen wurden in Buchen-, Eichen- oder andere Frucht bringende Holzstäbe geritzt und dann nach bestimmten Regeln auf der Erde, auf Tüchern oder Steinen ausgeworfen. Nach dem Zufallsprinzip oder nach festgelegten Riten wählte der Priester oder die Priesterin dann eine bestimmte Anzahl von Stäben aus und deutete an Hand ihrer Anordnung die Zukunft oder beantwortete Fragen.

Das keltische Baumorakel

Wie vor uns die Kelten und alle Menschen der Erde sind auch wir in die Gesetze der Natur eingebunden. Die meisten dieser Gesetze haben trotz des technologischen Fortschritts und wissenschaftlicher Erkenntnisse nichts von ihrer Gültigkeit eingebüßt. Im Gegenteil: Auch ohne die umfassenden Kenntnisse, die uns heute zur Verfügung stehen, trafen die Menschen in früherer Zeit richtige Entscheidungen. Sie taten dies auf der Grundlage ihres Wissens über die Zusammenhänge in der Natur – einem Wissen, das uns verloren gegangen ist, das wir aber wieder erlangen möchten. Wenn uns das gelingen soll, müssen wir naturverbundener leben – dann wird sich uns auch das Tor zur Botschaft der Bäume öffnen. Ein Weg dazu ist die Befragung des Orakels und das Lauschen auf die Botschaft der Bäume.

Die schlafenden Kräfte

Das vorliegende keltische Baumorakel ist sicher kein Ersatz für das tiefe Wissen der Kelten über die natürlichen Zusammenhänge. Dennoch kann es Ihnen ein Ratgeber, eine Hilfe sein, Fragen, die Sie beschäftigen, zu beantworten und damit auch Fähigkeiten und natürliche Begabungen in Ihnen aufzuwecken, die es Ihnen ermöglichen, Ihr Leben so zu gestalten, wie Sie es sich vorstellen.

In Ihnen schlummern Kräfte, die nur darauf warten, von Ihnen geweckt und gefördert zu werden. In jedem von uns liegen verborgene Schätze, die wir nur entdecken müssen, vergleichbar mit dem Baumsamen, der in der Erde schlummert und schließlich durch beständiges Gießen geweckt und endlich zum Wachsen und Streben nach Licht veranlasst wird. Die eigene Zukunft so zu gestalten, wie man sie sich vorstellt, im Einklang mit der Natur, dies ist für jeden Menschen möglich, denn nur mit der Natur werden wir leben und letztendlich überleben können.

Auch heute leben Menschen unter uns, die mit der Gabe des „Sehens“ begnadet sind. Manche von ihnen benötigen weder Karten, noch Pendel oder sonstige Hilfsmittel, um unser Leben bis ins Detail beschreiben zu können. Ist es das Jenseits oder das allgemeine Unterbewusstsein oder Bewusstsein aller Menschen, das die Kelten mit der anderen Welt bezeichneten? Welchen Bewusstheitszustand meinten sie, wenn sie mit ihrer Symbolsprache eine Sonne, einen Reiter oder den Mond darstellten? Vielleicht entdecken wir es noch ...

Dieses Baumorakel dient Ihnen als „Botschaft der Bäume“ dazu, Ihre „Baumsamen“ aufzuwecken und in bewusste Gedanken zu verwandeln. Es kann Ihnen helfen,

Gedanken und Aspekte aus Ihrem eigenen Leben in einem anderen Licht zu betrachten, Zusammenhänge zu berücksichtigen, die Sie vorher vielleicht nicht „gesehen“ haben. Intuition, Inspiration und Kreativität werden Sie begleiten und auch Sie zum „Seher“ oder zur „Seherin“ machen.

Bäume begleiten uns ein Leben lang. Mancher Baum war schon lange vor uns da und wird uns auch überdauern. Nehmen wir uns diese mächtigsten Pflanzen zum Vorbild. Aus ihrer Natur können wir einiges für unser Leben lernen. Nur „sehen“ muss man es eben.

Die Früchte der Gedanken

Durch das Baumorakel können wir in die Zukunft schauen, indem wir zunächst einmal zurückblicken und genau betrachten, was wir in der Vergangenheit gepflanzt haben. Mit jedem neuen Tag pflanzen wir Samen und Ursachen und erhalten, sobald die Saat aufgeht, Früchte und Ergebnisse.

Wie stark und dauerhaft die Bäume sein werden, die in der Folgezeit unsere geistigen und materiellen Früchte hervorbringen, bestimmen wir also durch unsere Gedanken und Vorstellungen selbst. Hier können wir nun die Fähigkeiten und Eigenschaften, die wir uns von den Bäumen abschauen, anwenden. Wie wäre es mit der Stärke der Eiche oder der Dauerhaftigkeit des Ölbaums? Wäre es nicht nützlich die Biegsamkeit der Birke als Nutz bringenden Vorzug in unserem Verhalten einzusetzen zu können? Warum noch größere Kraft gegen einen Widerstand aufbringen, statt sich elegant zu biegen? Kräfte und Energie sparen, sinnvoll mit den Ressourcen der Natur umgehen, dies wäre hier sicherlich ein nützliches Muster für unser Verhalten gegenüber der Natur.

So befragen Sie das Orakel

Das Orakel besteht aus folgenden Bestandteilen:

- 24 Baumkarten
- 4 Würfeln mit jeweils 6 Symbolen
- 1 Orakelbrett
- 1 Begleitbuch zur tieferen Deutung

Legen Sie alle 24 Karten neben das Orakelbrett und die vier Würfel in die Mitte. Halten Sie das Begleitbuch für die Deutung des Orakels bereit.

Die Kräfte der Jahreszeiten

Das Orakelbrett ist in die vier großen Bereiche Frühling, Sommer, Herbst, Winter unterteilt. Diese stehen für die natürlichen Prinzipien Säen, Reifen, Ernten, Ruhen. Neben den positiven Aspekten der einzelnen Bereiche sind auch die negativen und wenig förderlichen Auswirkungen angedeutet, z. B. aus „wenig Ruhe“ entsteht Unruhe, Stress, Hast, Nervosität etc.

Drei der 24 Karten sind dem Vergangenen, dem Augenblick und der Vision zugeordnet. Sie symbolisieren unsere Vorstellung von Zeit und unsere Sicht der Dinge in diesem zeitlichen Rahmen.

Frühling – Säen *Die Kraft des Frühlings:* Der Frühling steht für Erwachen und Neubeginn. Es ist die Zeit des Aufwachens. Ein neuer Morgen eines neuen Jahres beginnt. Taufrische Impulse, neue Kräfte werden stimuliert, man geht alles mit Schwung und Elan an, sät frischen, jungen Samen. Dies ist die richtige Zeit für einen neuen Anfang und neue Ziele. Jetzt wird die Grundlage für neues Wachstum gelegt. Im Frühling zündet der geheimnisvolle, unerklärbare, wundervolle Lebensfunke. Hier gründen die Wurzeln unseres Tuns, hier nimmt alles seinen Anfang. Alles beginnt zu blühen. Die ungehemmte Triebkraft der Natur überträgt sich auf die gesamte Stimmung des Menschen. Es wird geplant, neue Vorhaben werden angegangen, Absichten bekräftigt. Die Lebensfreude steigert sich in emotionale Frische und Erneuerung. Neues, jungfräuliches, unverbrauchtes Leben voller unbegrenzter Möglichkeiten entsteht.

Die Farbe Grün steht für das Blühen, das Gedeihen, für ungehemmte Lebenskraft. Grün ist die Farbe des vegetativen Lebens und des selbstverständlichen Wachstums. Man ist verbunden mit den Kräften des Frühlings. Grün ist in der Traumdeutung die Farbe der Empfindungsfunktion. Grüne Traumerlebnisse deuten darauf hin, dass im alltäglichen Leben das Grüne zu wenig beachtet wird. Helles Grün verkörpert große Naturverbundenheit und seelisch-geistiges Wachstum.

Sommer – Reifen *Die Kraft des Sommers:* Der Sommer steht für Reifen und Vervollkommnen. Es ist die Zeit des Wirkens und Vollbringens, der Höhepunkt des Jahres. Sonne und Wärme motivieren zum Handeln. Die positiven Kräfte der Sonne wirken sich auf alle Lebensbereiche aus. Jetzt wird mehr draußen in der Natur unternommen, Wasser und Sonne erhöhen das Leistungsvermögen. Entscheidungen werden schneller und gezielter gefällt. Es steht mehr Energie zur Verfügung, um Begonnenes voranzutreiben. Man ist schnell zum Kampf bereit und mobilisiert alle Energien. Jetzt kann man „Bäume ausreißen" und viele Dinge leichter vollbringen als sonst. Diese Zeit sollte man für schwere Aufgaben und Herausforderungen nutzen und bewusst alte Gewohnheiten durch neue ersetzen.

Es ist die beste Zeit zum Handeln. Erste Ergebnisse werden sichtbar. Vitalität und Lebensfreude durchströmen Körper, Geist und Seele. Im Sommer wirkt die Kraft der Sonne, des klaren Denkens, der fließenden Inspiration und der schöpferischen Kreativität und leuchtet in den buntesten Farben.

Die Farbe Gelb steht für Wärme, Lebensfreude und Wohlbefinden. Goethe beschreibt sie als heitere, muntere, sanfte Farbe. Gelb ist die Farbe der leicht irritierbaren Intuition des Ahnens, in welcher eine eigenartige Sonnenkraft steckt. Sie ist eindringend und erhellend und steht für Lebenskraft, Harmoniebedürfnis und Gerechtigkeitssinn.

Herbst – Ernten *Die Kraft des Herbstes:* Der Herbst steht für Vollendung und Erkenntnis. Es ist die Zeit der Ernte, des Erfolgs. Jetzt, am Abend des Jahres, wird geerntet was im Frühjahr gesät wurde, die Früchte getaner Arbeit werden eingebracht und vollendet. Es ist die Zeit des Abschied von Altem. Ziele sind erreicht, Erfolge werden gefeiert. Man schließt mit alten Dingen ab und bringt Projekte zu Ende. Jetzt kann man genießen, gestärkt von der Arbeit und der Sonne des Sommers. Jetzt werden die Kräfte des Sommers gespeichert für den bevorstehenden Winter, der Zeit des Ruhens und Erholens. Hier liegt die Kraft des Überdauerns und der Dauerhaftigkeit verborgen. Jetzt ist die Zeit Kraft zu tanken in Form von frischer Luft – draußen im Wald. Die Bäume versorgen uns mit dem für unseren Körper so lebenswichtigen Sauerstoff. Laufen und Wandern in freier Natur sind die Aktivitäten, die uns regenerieren und ein Depot für den Winter entstehen lassen.

Die Farbe Rot steht für Aktivität und Wärme. Sie ist eine wirksame aktive Farbe. Sie steht für Blut, Feuer, Liebe und Leidenschaft. Sie versinnbildlicht Energie und Antriebskräfte, Leidenschaften und Begierden, die den Menschen beherrschen. Gemildert ist sie die Farbe des Herzens und der Barmherzigkeit.

Winter – Ruhen *Die Kraft des Winters:* Der Winter steht für Ruhe und Regeneration. Es ist die Zeit der wohlverdienten Entspannung, des Lösens und Loslassens. Der Winter ist die Zeit des Rückzugs von allem, die Nacht des Jahres. Hier herrscht absolute Stille und Frieden. Unsere Kräfte kehren sich nach innen, sie werden dort gebraucht. Alles äußerlich sichtbare Leben erstarrt. Man wendet so wenig wie möglich an Energien auf, geht sparsam mit den eigenen Ressourcen um und lässt sich nur noch auf Wichtiges ein. Durch diesen Rückzug können wir neue Kräfte aufbauen. Es ist die Zeit der Ruhe, der Zustand, aus dem wieder neues Leben erwachen kann. Der Winter schenkt uns Augenblicke des Überdenkens, Planens, Vorausschauens und eine notwendige Zeit der Besinnung. Jetzt entsteht gedanklich unsere Welt von morgen. Es ist die Zeit der geistigen Sternschnuppen. Der Rückzug nach innen bereitet uns für das Leben draußen vor.

Die Farbe Blau steht für die Wahrheit. Sie ist zumeist mit geistigen und spirituellen Erlebnissen verbunden. Sie ist die Farbe der Denkfunktion. Kühles, überlegendes Blau befindet sich stets in der Nähe einer seelischen Gelöstheit, einer milden, leichten, überlegenen Lebensgestaltung. Blau hat mit den geistigen Zielen und der Reife eines Menschen zu tun.

Die Fragestellung

Formulieren Sie eine eindeutige Frage. Schreiben Sie Ihre Frage zum besseren Verständnis auf. Je präziser, detaillierter und wenn möglich auch distanzierter Sie sich mit dem aktuellen Thema auseinandersetzen, es beschreiben und darstellen, umso zugänglicher sind Sie für die neuen Aspekte, die sich durch die Befragung des Orakels ergeben.

Das Auswürfeln

Finden Sie mit Hilfe der Würfel die Baumkarten, die Ihnen einen Weg zur Beantwortung Ihrer Frage weisen können. Durch diese Karten spricht das Orakel zu Ihnen.

1. Wurf: Aspekte des Frühlings – Vergangenheit, Säen
Die vier Würfel in beide Hände nehmen, viermal kräftig schütteln und würfeln. Einen Würfel auswählen. Die entsprechende Karte heraussuchen und auf das grüne Frühlingsfeld legen.

Die erste ausgewählte Karte stellt die Aspekte des Säens, Neubeginns und Erwachens, des Frühlings dar. Also unsere Ziele, Wünsche, Ideale, Hoffnungen aber auch Ängste und Befürchtungen, die wir mit der Frage verbinden. Der erste Wurf verdeutlicht auch die unmittelbar anstehenden Einflüsse. Noch sind sie nicht Realität. Noch haben wir Einfluss – deshalb befragen wir das Orakel ja auch, um eine neue oder bestätigende Orientierung für unser zukünftiges Handeln zu erhalten.

Gibt es eventuell Aspekte aus der Vergangenheit, die berücksichtigt werden sollten? Gibt es dort Ereignisse, die noch bis heute wirken und Einfluss haben könnten?

2. Wurf: Aspekte des Sommers – Gegenwart, Reifen
Die verbliebenen drei Würfel aufnehmen und würfeln. Einen Würfel von diesen dreien auswählen. Die entsprechende Karte heraussuchen und auf das gelbe Sommerfeld legen.

Die zweite ausgewählte Karte stellt die Aspekte des Reifens, des Wirkens und Handelns, des Sommers dar. Sie gibt die Aspekte und Dinge wieder, die gerade im Augenblick wirken. Sie erfordern unser Handeln, weil sie sich unmittelbar auf die Gegenwart auswirken und so unser Leben in der Zukunft mitgestalten und beeinflussen. Entscheidungen sollten gefällt werden, um Begonnenes voranzutreiben. Alte Gewohnheiten müssen überprüft und gegebenenfalls durch neue ersetzt werden. Einflüsse aus Umwelt, Familie, Partnerschaft, Freundschaft, Beruf müssen wahrgenommen und erwogen werden.

Gibt es verborgene, zur Zeit unsichtbare Aspekte in der Gegenwart, die berücksichtigt werden sollten? Gibt es unmittelbare, eventuell auch fremde Einflüsse, die momentan auf das Geschehen einwirken und auf die Antwort Einfluss haben könnten?

3. Wurf: Aspekte des Herbstes – Zukunft, Ernten
Die verbliebenen zwei Würfel aufnehmen und würfeln. Einen Würfel auswählen. Die entsprechende Karte heraussuchen und auf das rote Herbstfeld legen.

Der dritte Wurf stellt die Aspekte des Erntens, der Vollendung, der Erkenntnis, des Herbstes dar. Hier ist wiedergegeben, was unter den gegebenen Umständen maximal erreichbar ist. Wichtige Angelegenheiten sollten zum Abschluss gebracht werden. Abschied und Lösen von Altem und Überholtem ist notwendig. Gleichzeitig gibt der dritte

Wurf auch die schlimmsten Konsequenzen aus der gegebenen Situation wieder.

Gibt es eventuell feste, scheinbar unabänderliche Gesichtspunkte in der Zukunft, die berücksichtigt werden sollten? Gibt es unmittelbare Einflüsse, die bis in die Zukunft weiter wirken und auf die Antwort Einfluss haben könnten?

4. Wurf: Aspekte des Winters – Erkenntnis, Ruhen

Den letzten Würfel aufnehmen und würfeln. Die entsprechende Karte heraussuchen und anschließend auf das blaue Winterfeld legen.

Die vierte Karte stellt die Aspekte des Ruhens, der Besinnung, des Winters dar. Hier sind die Aspekte des Überdenkens, des Rückzuges aus der Situation wiedergegeben. Durch Besinnung kann es gelingen, aus der Distanz vorauszuschauen. Dieser Wurf stellt auch den Prozess für eine Entscheidungsfindung dar. Unerklärbare, unbewusste Kräfte wirken und fördern die Entschlusskraft. Langfristige Einflüsse zeigen nicht unbedingt auf ein Endergebnis, sondern weisen eher auf verborgene Vorgänge hin, die nicht bewusst gesteuert werden können. Hier liegt die Antwort auf das mögliche Verhalten.

So deuten Sie das Orakel

Liegen alle vier Karten auf dem Orakelbrett, ist es an der Zeit darüber nachzudenken, welche neuen Aspekte durch die Karten angeregt und bewusst gemacht werden. Grundsätzlich sollten alle vier Aspekte (Säen, Reifen, Ernten, Ruhen) in Ihre Betrachtung einfließen. Erst aus der Beschäftigung mit allen vier Bereichen ergibt sich die Antwort auf Ihre Frage.

Deuten Sie die ausgelegten Karten in der gewürfelten Reihenfolge. Verstehen Sie dabei die jeweilige Karte als Anregung zur Selbstreflexion und entwickeln Sie aus diesem ersten Ansatz eine spezielle Sicht auf ihre Frage. Ihre Ausgangssituation erscheint in neuem Licht. Sie gewinnen neue Aspekte und kommen zu neuen Folgerungen. Ihre Sicht auf das Problem verändert sich. Erste Ansätze finden Sie in den Aspekten auf den Karten selbst, vertiefende Erkenntnisse gewinnen Sie durch die Beschäftigung mit den Botschaften der Bäume ab Seite 119:

Sollte die Antwort nicht genügend Hinweise für eine Entscheidung gebracht haben oder nicht eindeutig genug sein, können Sie das Orakel auch noch ein zweites Mal befragen. Eine kleine Warnung sei allerdings erlaubt: Sie sollten das Orakel nicht zu oft für die gleiche Frage benutzen, um vielleicht die Antwort zu erhalten, die Sie gerne hätten. Denn dann weiß man sie ja bereits im Voraus und müsste das Orakel eigentlich gar nicht befragen. Außerdem ist das mehrmalige Befragen für eine Entscheidung nicht sehr förderlich. Entscheidungen müssen getroffen werden – ob falsch oder richtig, spielt keine Rolle. Wichtig ist der Entschluss zu einer Veränderung. Falsche Entscheidungen können auch überdacht werden.

Orakelnotizen

Machen Sie sich auch beim Befragen des Orakels spontane Notizen, die Ihnen später wertvolle Hinweise liefern können, denn oft sind es die kleinen Anhaltspunkte, die uns weiterhelfen, eine aussichtslos scheinende Situation zu meistern und zu verändern. Im Alltag gehen diese kleinen Zeichen und Gedankenblitze leicht verloren, obwohl man sie als Lösungsansatz erkannt hat. Halten Sie Ihre Notizen in einem persönlichen Orakelbuch fest. Wenn Sie auf diese Weise die Konstellationen der jeweiligen Befragung festhalten, können Sie sie später nochmals nachschlagen oder nachlegen. Diese Notizen sind auch eine Hilfe bei Themen, die über einen längeren Zeitraum aktuell sind.

Andere Wege zur Befragung des Orakels

Wenn Sie sich zum ersten Mal mit dem Baumorakel beschäftigen, sollten Sie sich zur Befragung des Orakelbretts bedienen und den vorgeschlagenen Weg einhalten. Sind Sie vertrauter mit der Botschaft der Bäume, genügen die 24 Baumkarten oder sogar nur die vier Würfel, die Sie jederzeit bei sich tragen, um das Orakel zu befragen.

Nur Würfeln

Auch ohne Karten können Sie das Orakel befragen. Alles, was Sie brauchen, sind die vier Würfel mit den Symbolen und das Orakelbrett. Werfen Sie die Würfel wie oben beschrieben und ordnen Sie die ausgespielten Würfel nacheinander den Jahreszeiten Frühling, Sommer, Herbst und Winter zu. Auf diese Weise ergibt sich eine Lösung oder Antwort auf die von Ihnen gestellte Frage. Erfahrene Deuter, die mit den Symbolen und Kräften der Bäume bereits bestens vertraut sind, können sogar auch ohne Buch das Orakel befragen und seine Antworten deuten.

Karten legen

Mischen Sie alle Karten und ziehen Sie nacheinander vier Karten. Legen Sie diese in der Reihenfolge wie sie gezogen wurden auf das Orakelbrett: Die erste Karte auf den Frühling, die zweite Karte auf den Sommer usw. Die Karten enthalten bereits ein Stichwort, das ihre Bedeutung umreißt. Lesen Sie Näheres zur Deutung der ausgelegten Karten im Begleitbuch ab Seite 119 nach.

Freie Interpretation und Gestaltung

Bei dieser Methode gibt es keine Regeln. Statt dem Zufall oder dem Orakel die Antwort zu überlassen, beantworten Sie Ihre Frage selbst. Legen Sie Ihren Wunsch, Ihr Ziel oder Ihre Ideal-Konstellation selbst, und zwar so, wie Sie sich Ihren Idealzustand vorstellen. Stellen Sie sich die Karten so zusammen, dass Sie sehen, welche Eigenschaften Sie benötigen um Ihr Ziel zu erreichen. Zum Beispiel welche „beste" Ausgangssituation im ersten Schritt über den zweiten und dritten Schritt dann zum optimalen Ergebnis führt.

Die Leitfrage sollte lauten: Welche Eigenschaft/en benötigen Sie, um das anstehende Problem zu lösen oder eine Antwort auf eine aktuelle Frage zu finden?

Die Botschaft der Bäume

Die im Baumorakel den Bäumen zugeordneten Fähigkeiten und Eigenschaften sind Begriffe, die im Lauf der Historie immer wieder auftauchen oder sich einfach durch das Wesen des Baumes selbst ergeben. Diese Fähigkeiten können uns Menschen sehr nützlich sein. Nutzen Sie deshalb das Baumorakel um Ihre Zukunft zu gestalten!

Damit Sie beim Befragen des Orakels einen möglichst schnellen Zugang zu den Hinweisen des Orakels erhalten, lesen Sie zunächst nur den kurzen einleitenden Orakeltext zum jeweiligen Baum und kehren dann gleich wieder zu den Würfeln und Karten zurück. Wollen Sie nach der Befragung die einzelnen Aspekte detaillierter und genauer betrachten, lesen Sie im betreffenden Kapitel weiter. Ziehen Sie gegebenenfalls auch die Baumportraits aus dem Kapitel „Keltischer Baumkreis" (ab Seite 42) in Ihre Betrachtungen mit ein.

Öffnen Sie nun alle Ihre Sinne und hören Sie auf die Botschaft der Bäume!

Die Eiche

Stärke, Kraft, Schutz

Die Eiche ist ein Symbol der immerwährenden Kraft und Stärke, sie behauptet sich in jeder Situation. Sie ist die Standfestigkeit. Diese Stärke bringt Flexibilität und legt unbekannte, schlummernde Kräfte frei. Wir sind aufgefordert, sie anzunehmen und schöpferisch zu nutzen. Richten Sie Ihre Energie auf inneres Wachstum, um die Stärke des menschlichen, persönlichen und direkten Handelns zu fördern. Mut

und Tapferkeit ist für die schöpferische Kraft erforderlich. Lenken Sie Ihre Aufmerksamkeit auf die innere Kraft und Stärke, um in der aktuellen Situation kraftvoll handeln zu können. So haben Sie die Macht, alle Widrigkeiten zu überstehen und erzwungene Beschränkungen zu lösen.

Die dauerhafte Eiche ist ein Symbol für die immerwährende Kraft und Energie der Natur. Sie stellt das Medium zwischen Bewusstsein und Unbewusstem dar. Ihre Eicheln sind als Bewusstsein veränderndes Mittel bekannt und dienten zum Wandern zwischen den Welten. Für die Kelten war sie auch in Form des Lebensbaums ein Symbol für die Verbindung zur Anderswelt.

Ihrer stattlichen Größe und Gestalt so wie einer enormen Anpassungsfähigkeit verdankt es die Eiche, dass sie nahezu alle Widrigkeiten der Natur übersteht. Dies gelingt ihr durch ihre tief greifenden Pfahlwurzeln, durch die sie fest in der Erde verankert ist. So stark ist ihr Halt, dass eher der Stamm einer Eiche bricht, als dass sie sich durch Unwetter oder sonstige Einflüsse entwurzeln ließe. Ist es möglich, dass auch Sie über diese außerordentliche Standfestigkeit verfügen? Nutzen Sie heute schon diese in Ihnen schlummernde Stärke, um Kraft auf Ihr inneres Wachstum zu richten?

Die knorrige Gestalt der Eiche symbolisiert auch die Wahrheit. Ähnlich wie beim Suchen der Wahrheit erforschen ihre stark verzweigten Äste und Blätter jeden Winkel des Himmels. Richten auch Sie Ihre Kräfte in neue, andere Richtungen aus, um Ihre persönlichen Stärken zu finden und zu fördern! Sind Sie bereit, noch unbekannte Kräfte in sich zuzulassen? Das, was wir am meisten brauchen und was uns am meisten Kraft gibt, fürchten wir vielleicht auch am meisten. Um die Stärke jedoch zu erkennen und sichtbar zu machen, müssen wir sie nutzen. Stärke erlangen wir auch dadurch, dass wir die Kräfte anderer zulassen.

Die Eiche war einer der bedeutendsten Bäume der Kelten. Die Druiden selbst wurden nach diesen Bäumen als „Eichenmänner" bezeichnet. Mit goldenen Sicheln und in weiße Gewänder gekleidet, schnitten sie Misteln von den Eichen, um aus ihnen Amulette und anderen religiösen Schutz herzustellen. Eichenrinde in der Tasche verspricht nach altem Brauch auch heute noch Schutz.

Welche Kräfte der Eiche nutzen Sie?

- Nutzen Sie die Stärken, die in Ihnen schlummern?
- Forschen Sie nach der Wahrheit?
- Schützen Sie sich vor negativen Meinungen?

So können Sie Ihre Kräfte und Fähigkeiten besser nutzen!

- Bilden Sie sich weiter, um Ihre beruflichen und persönlichen Perspektiven zu vergrößern oder zu festigen.
- Lenken Sie Ihre Kräfte und Interessen in neue Richtungen.
- Richten Sie Ihre Aufmerksamkeit auf Ihre innere Stimme, um dem Leben mit mehr Standfestigkeit zu begegnen.

Die Haselnuss

Wahrheit, Wahrhaftigkeit, Intuition

Die Haselnuss ist das Symbol der Wahrheit und die Wurzel der Wahrhaftigkeit. Sie offenbart sich unerbittlich in der Realität. Vermutung, Meinung und Glaube reduzieren sich im Licht der Wahrheit und nach gründlicher Beurteilung auf wenige Fakten. In ihr finden bloße Vermutungen und ein-

gebildete Ängste keine Bestätigung mehr. Die Wahrheit ist nicht immer schmerzlich, sie erfreut auch. Ehrlichkeit im Tun und Handeln ist die Grundlage für gerechtes, wahrhaftiges Wirken. Der Baum der Wahrheit trägt die Früchte selbst errungener Erkenntnis.

Die Haselnuss symbolisiert die Wahrheit. Sind Sie auf der Suche nach ihr? Sie ist der lebendige Gedanke, der durch das Wort zur Form wird und im Licht Gestalt annimmt. Verwirklichen Sie Ihre Gedanken, indem Sie Worte aussprechen, die Realität werden sollen. Diese Worte entspringen dem Inneren Ihres Wesens und werden Wirklichkeit, sobald Sie wahrhaftig daran glauben. Das innere Wesen ist geschützt. Dorthin können Sie sich zurückziehen, ohne durch äußere Einflüsse gestört zu werden. Dafür steht sinnbildlich der Fruchtbecher, der den Kern der Hasel wie ein schützendes Haus umgibt. Die Hasel wird bei den Kelten mit Vollkommenheit und Weisheit in Verbindung gebracht. Sie war ihnen heilig. Das Streben nach Wahrheit kann durch die Intuition unterstützt werden.

Vertrauen Sie Ihrer Intuition! Die Haselruten spüren Wasseradern auf. Spüren Sie mit Ihrer Intuition die Wahrhaftigkeit Ihres Tuns auf. Vertrauen Sie der Eingebung. Finden Sie den Zusammenhang von Ursprung und Wirkung. Denn die Wahrheit währt immer. Sie ist eng mit der Ehrlichkeit verbunden.

Welche Kräfte der Haselnuss nutzen Sie?

- Sind Sie auf der Suche nach Wahrheit?
- Wie wahrhaftig und ehrlich ist Ihr Tun?
- Vertrauen Sie Ihrer Intuition und Eingebung?

So können Sie Ihre Kräfte und Fähigkeiten besser nutzen!

- Betrachten Sie Alltägliches in einem neuen Licht!
- Ziehen Sie sich für eine festgelegte Zeit allein zurück, um über sich selbst nachzudenken.
- Handeln Sie neun Tage lang rein nach Ihrem Gefühl.

Die Eberesche

Lebensfreude, Glück, Genügsamkeit

Hinter der Zartheit der Eberesche verbirgt sich Glück und Lebensfreude. Böses und Unheil wird durch positive Gedanken und Handeln fern gehalten. Die kleinen Dinge des Lebens lassen die Schönheit der Natur wieder entdecken. Freude und Gesundheit werden durch gute, harmonische Partnerschaft und Selbsterfüllung möglich. Probleme werden bewältigt, persönliche und berufliche Ziele erreicht. Glück findet seine Wurzeln im Bewusstsein der Eigenliebe. Starke Sympathien bringen Liebe, Leidenschaft und Freundschaft. Eine Reise bringt neue Lebensfreude und Erholung.

Die Eberesche symbolisiert die Lebensfreude. Sie gilt als einer der schönsten Laubbäume. Dennoch verbirgt sie hinter ihrer zarten Schönheit eine außerordentlich große Standhaftigkeit. Durch ihre enorme Anspruchslosigkeit ist es ihr möglich im Gebirge als einziger Laubbaum an der Baumgrenze zu überleben. Den Germanen galt sie als Glück bringend und für die Kelten war sie der Baum, der Böses und Unheil fern hielt. Überwiegen in Ihrem Leben die glücklichen Momente? Was können Sie dafür tun, damit sich etwas verändert? Wie die kleine anspruchslose Eberesche können auch Sie die kleinen Dinge des Lebens wieder entdecken. Handeln Sie nach dem Prinzip der Leichtigkeit. So ist es Ihnen möglich eine harmonische Partnerschaft und Selbsterfüllung zu finden. Der „Vogelbeerbaum", wie der Volksmund die Eberesche nennt, wird durch die Vögel fortgepflanzt. Überprüfen Sie, welche Gewohnheiten und Gedanken sich bei Ihnen fortpflanzen. Tragen sie dazu bei, Lebensfreude und Selbsterfüllung zu finden?

Welche Kräfte der Eberesche nutzen Sie?

- Sind sie glücklich?
- Freuen Sie sich des Lebens?
- Sind Sie genügsam?

So können Sie Ihre Kräfte und Fähigkeiten besser nutzen!

- Finden Sie Ihr Glück, indem Sie einmal ohne Wunsch sind.
- Freuen Sie sich der Lebens, machen Sie kleine Geschenke.
- Begnügen Sie sich einmal mit etwas Kleinerem, obwohl Sie sich das Größere leisten könnten.

Der Ahorn

Freiheit, Unabhängigkeit, Selbstvertrauen

Frei von Verpflichtungen mutig vorangehen, an nichts festhalten oder klammern, sich eigene Freiheit zugestehen und konsequent leben: So ist man frei von allen lähmenden Gewohnheiten, fragwürdigen Mustern und überholten Dogmen. Es ist die Freiheit, in jede Himmelsrichtung zu gehen und in jeder Situation eine persönliche Entscheidung treffen zu können. Innere Stärke zeigen, um sich selbst treu zu sein, ist ebenso wichtig, wie frei von äußeren Einflüssen und vermeintlichen Erwartungen zu handeln. Außerdem sollten

Sie eigene Entfaltungsmöglichkeiten wahrnehmen, Pläne aktiv verfolgen und Kraft aus neuer Freiheit schöpfen.

Der Ahorn gehört zu den wertvollsten Edellaubhölzern Europas. Seiner zarten Schönheit und herbstlichen Farbenpracht wegen ist er ein gern gesehener Baum. Er symbolisiert die Freiheit und innere Stärke, die es möglich macht sich von überholten Dogmen zu befreien. Sind Sie Verpflichtungen eingegangen, die Sie jetzt einengen und Sie in Ihrem Entfaltungsstreben hemmen? Wie oft finden Sie sich in Situationen wieder, die eigentlich Ihrem Naturel widersprechen? Fühlen Sie sich wohler, wenn Sie manchmal schnell und ohne zu zögern einen Entschluss fassen? Betrachten Sie einen Ahorn einmal genau, dann werden Sie feststellen, dass seine Rinde sehr glatt und etwas fleckigschuppig ist, da er sich abgestorbener Teile entledigt. Befreien auch Sie sich von lähmenden Gebundenheiten und vermeintlichen Verantwortlichkeiten.

Welche Kräfte des Ahorn nutzen Sie?

- Vertrauen Sie sich selbst?
- Sind Sie Verpflichtungen eingegangen, die Sie eigentlich lösen möchten?
- Zögern Sie oft, um Interessen anderer zu wahren?

So können Sie Ihre Kräfte und Fähigkeiten besser nutzen!

- Unternehmen Sie einmal etwas allein.
- Halten Sie eine Verpflichtung einmal nicht ein und beobachten Sie Ihre eigene und die Reaktion anderer.
- Fällen Sie eine schnelle Entscheidung nur in Ihrem eigenen Interesse.

Die Walnuss

Neubeginn, Geduld, Veränderung

Die Walnuss ist ein Symbol für den Wunsch nach Veränderung. Der Rückzug aus der momentanen Situation ist notwendig, um sich neu zu orientieren. Möglicherweise sollten Sie starke Verbindungen aus der Vergangenheit löschen, um einen Neubeginn zu wagen. Sie können entdecken, was hinter Äußerlichkeiten verborgen ist. Auch sollten Sie geduldig die Sehnsucht ertragen, Pläne und Absichten zu verwirklichen. Durch Veränderung können Sie sich aus einer scheinbar hoffnungslosen Situation befreien.

Der Nussbaum ist ein schöner, stattlicher Laubbaum. Durch seine großen Blätter ist dieser Einzelgänger unter den Bäumen leicht zu erkennen. Im Baumorakel steht er für den Wunsch nach Veränderung und Neubeginn. Wollen Sie alte einengende Verbindungen lösen? In solchen Situationen ist es hilfreich sich zurückzuziehen, um sich den negativen Einwirkungen von außen zu entziehen. Die Nuss des Baumes symbolisiert auch die Anstrengung hinter einer harten Fassade einen weichen Kern zu entdecken. So ist es möglich zu erkennen, was hinter Äußerlichkeiten und bloßen Worten verborgen ist. Dies alles ist für einen Neubeginn wichtig, um sich von Altem zu trennen. Oft diente der Nussbaum auch als Liebesorakel. Kann dies auch auf eine besondere Situation in Partnerschaft oder Freundschaft hinweisen? Hier sind Sie nicht auf sich allein gestellt, sondern es kommen Ihnen die Kräfte der Intuition zu Hilfe, die sich mit Ihrem Willen verbinden, das Beste aus der Situation zu machen. Geduld und Unbefangenheit sind erforderlich, um ohne Schaden einen Neuanfang zu wagen.

Welche Kräfte der Walnuss nutzen Sie?

- Sind Sie bereit für einen Neubeginn?
- Können Sie geduldig neue Entwicklungen abwarten?
- Wie gehen Sie an Veränderungen heran?

So können Sie Ihre Kräfte und Fähigkeiten besser nutzen!

- Brechen Sie alle alten Brücken hinter sich ab.
- Üben Sie Geduld, indem Sie sich neuen Aufgaben widmen.
- Führen Sie Veränderungen schnell und konsequent herbei.

Die Pappel

Selbstfindung, Sensibilität, Besinnung

Das Alleinsein ist eine Chance zur Selbsterkenntnis. Ebenso können Sie Ihr Gleichgewicht im Selbstwertgefühl finden, um sich vor Selbstaufgabe zu schützen. Rückzug und Besinnung auf eigene Werte und Fähigkeiten und Überdenken und Prüfen eigener Wertvorstellungen können sehr wertvoll sein. Das Sammeln geistiger Kräfte, Besinnlichkeit und Selbstfindung sind notwendig, um selbstbewusst zu handeln. Inwieweit sind Sie von der Umwelt unbeeinflusst? Durch die Natur können Sie das Gefühl der Einheit mit dem Ganzen erleben, sensibel neue Welten erkunden und sich so das Prinzip der grenzenlosen persönlichen Freiheit erschließen.

Die Pappel, ein Pionierbaum, zählt zu den ältesten Waldbäumen Europas und wuchs bereits vor 10 000 Jahren in unseren Wäldern. Sie gehört zu den raschwüchsigsten Baumarten überhaupt, denn ihr leichtes Holz wächst in einem Drittel der Zeit wie beispielsweise das der Fichte. Bei den Kelten galt sie als verwundbarer, sensibler Baum. Ihr

Holz war für die wilden keltischen Krieger sehr wertvoll. Sie schützten sich mit Schilden aus leichtem Pappelholz vor Verletzungen im Kampf.

Weithin sichtbar sind die schlanken Silhouetten der Schwarzpappeln zu sehen und das leise Flüstern der Zitterpappeln ist beim geringsten Wind zu hören. Das sanfte Rauschen ihrer Blätter interpretierten die Völker als sprechende Stimmen der Götter. Mit einfühlsamem und sensiblem Horchen auf unsere innere Stimme können wir zu uns selbst finden. Prüfen Sie ab und zu einmal Ihr Selbstwertgefühl und besinnen Sie sich auf Ihre eigenen Werte? Überprüfen Sie, was für Sie selbst wichtig und wertvoll ist. In der Mitte allen Handelns sollte die eigene Überzeugung stehen – wie eine schlanke, hoch in den Himmel ragende Pappel. Selbstbewusstsein erlangen Sie durch Besinnung auf eigene Fähigkeiten und Erfolge. Sind Sie wie die schnelle Pappel ein Pionier, der neue Welten erkundet? So eröffnet sich Ihnen das Prinzip der grenzenlosen persönlichen Freiheit.

Welche Kräfte der Pappel nutzen Sie?

- Überdenken und überprüfen Sie Ihre Wertvorstellungen?
- Sind Sie wie die Pappel sensibel und horchen auf das leise Flüstern?
- Besinnen Sie sich auf Ihre Ziele und eigenen Werte?

So können Sie Ihre Kräfte und Fähigkeiten besser nutzen!

- Nehmen Sie sich Zeit, um über sich nachzudenken.
- Horchen Sie auf Ihre innere Stimme, um zu sich selbst zu finden.
- Tun Sie wieder einmal Dinge, mit denen Sie schon einmal außergewöhnliche Erfolge erzielen konnten.

Die Kastanie

Offenheit, Mut, Selbstvertrauen

Es gibt eine Zeit der Anfänge, in der es wichtig ist, sich Neuem und Fremdem zu öffnen. Wer wach vorangeht und aufgeschlossen die Welt erkundet, kann die unerschöpflichen Möglichkeiten des Lebens entdecken und Mut fassen, auch einmal Ungewöhnliches zu unternehmen. Stellen Sie sich mutig den Herausforderungen des alltäglichen Lebens, um immer wieder neue, faszinierende Welten zu entdecken. Wichtig ist aufrichtiges und ehrliches Handeln und intensives Bemühen um die Wahrheit.

Die Kastanie steht im Baumorakel für die Offenheit und für alles Neue und Fremde. Sie symbolisiert auch den Beginn eines neuen Lebensabschnitts. Hier ist Aufgeschlossenheit und Wachsamkeit gefordert, denn wie zwei Kastanienarten, die Ess- und die Rosskastanie, auf unserer Erde wachsen, gibt es auch wohlgesinnte und nicht gleichgesinnte Menschen. Dies ist aber kein Grund sich zurückzuziehen und die Pracht und Schönheit des Lebens zu verpassen. Gehen Sie ohne Vorurteil in die Welt? Oder entstehen in Ihren Gedanken bereits Scheinwelten? Der Wortteil „ross" aus der Rosskastanie stammt aus der indoeuropäischen Sprache und bedeutet „falsch, unecht". Echt und falsch – nutzen Sie die schöpferische Kraft der beiden sich ausgleichenden Kräfte und Sie werden an ihnen wachsen. Sie finden so das Gleichgewicht und das Wesen der alles umfassenden Harmonie. Wie ausgeglichen sind Sie? Sind Sie hin und her gerissen? Entscheiden Sie sich für etwas Neues, Unbekanntes mit der Erfahrung des Vergangenen und nehmen Sie neue Herausforderungen mutig an.

Welche Kräfte der Kastanie nutzen Sie?

- Sind Sie offen für Veränderungen?
- Wie mutig sind Sie? Hängen Sie Altem nach?
- Vertrauen Sie sich selbst als Freund und Mensch?

So können Sie Ihre Kräfte und Fähigkeiten besser nutzen!

- Suchen Sie die Veränderung, z.B. auf einer Reise.
- Beenden Sie unglückliche Beziehungen.
- Treffen Sie eine wichtige Entscheidung, ohne den Rat von anderen einzuholen.

Die Esche

Zähigkeit, Belastbarkeit, Entdeckungsfreude

Das Universum ist die Quelle unbegrenzter, unerschöpflicher Energie. Aus ihm schöpfen wir Kraft für das Leben. Die Esche verbindet Himmel und Erde. Sie ist der universelle Weltenbaum. Mit ihrer Hilfe vereinigen sich geistige und materielle Aspekte, wobei höchste Beanspruchbarkeit gegeben ist. Bei Entscheidungen und Vorhaben sollte diese berücksichtigt werden. So können Sie in Ruhe Kräfte sammeln, um in zähem Kampf siegreich zu bestehen. Durch neue Impulse entdecken Sie bisher ungeahnte verschlossene Welten.

Die Esche symbolisiert die Verbindung zwischen geistiger und materieller Welt. Sie ist der Baum des Universums, in dem alles vereint ist. Aus ihm schöpfen wir Kraft und Zuversicht um im Alltag zu bestehen. Für die Kelten war sie der „Weltenbaum“. Die Druiden schrieben ihr magische Kräfte zu. Ihre hochgewachsene Gestalt lässt an ihr aufblicken und zeigt uns unsere eigene Größe auf. Das Holz der Esche ist äußerst zäh und belastbar. Sind Sie beanspruchbar, wenn es darum geht Ihre Vorhaben zu verwirklichen? Geben Sie schnell auf oder mobilisieren Sie die nötigen Energien um sich durchzusetzen? Eschen sind sehr imposante Einzelbäume. Sind Sie ein Mensch, der in sich geht und auch allein seinen Weg sucht? Begeben Sie sich in neue Situationen und entdecken Sie durch neue Impulse bisher unbekannte Welten. Wie die Esche mit ihren Wurzeln tief in die Erde greift, so können auch Sie in neue Welten eintauchen und das Wunder der Dinge hinter den Dingen erleben. So erschließt sich ein völlig neues Leben.

Welche Kräfte der Esche nutzen Sie?

- Wie zäh setzen Sie Ihre Interessen durch?
- Wie belastbar sind Sie, wenn es einmal nicht nach Ihren Vorstellungen läuft?
- Sind Sie an Fremdem und Unbekanntem interessiert?

So können Sie Ihre Kräfte und Fähigkeiten besser nutzen!

- Vollenden Sie einmal etwas, obwohl Sie es nicht müssten.
- Üben Sie Geduld, indem Sie gegen Ihre Grundsätze handeln.
- Besuchen Sie mit Ihrem Partner einmal ein Ereignis, das Sie alleine niemals aufsuchen würden.

Die Hainbuche

Beharrlichkeit, Widerstandsfähigkeit, Bewahren

Die Hainbuche erinnert daran, an eigenen Vorhaben festzuhalten um sie zu vollenden. Unbezwingbarkeit und absoluter Siegeswille sind gefordert. Die Kraft einer tiefen Überzeugung

in die eigenen Wünsche und Vorstellungen wird wach und lebendig. Stärke im Ertragen und Erdulden von momentan Unverständlichem und Unbegreifbarem ist gefordert. Es erschließt sich die Unverwundbarkeit der Seele trotz scheinbar unüberwindbarer Rückschläge. Das Erhalten und Bewahren der Gesundheit ist entscheidend. Hier liegt die Wurzel der Zuversicht. Aus dem Dunkel erhellt sie das Leben.

Die Hainbuche symbolisiert die Fähigkeit, beharrlich in seinen Absichten zu bleiben. Ihre herausragendste Eigenschaft ist, selbst nach schwersten Schäden wieder neue Zweige auszubilden und scheinbar unverwundbar immer weiter zu wachsen. Die Kelten nutzten diese Besonderheit, um sich vor äußeren Einflüssen und Angriffen zu schützen. Nehmen Sie in Ihrem Leben schlechte Einflüsse wahr und schützen Sie sich vor diesen negativen Mächten? Halten Sie beharrlich an Ihren Vorhaben fest? Lassen Sie sich beim Streifen durch die Wälder von diesen Bäumen inspirieren. Heute gibt es noch viele Hainbuchen-Haine. Diese Bäume sind sehr eigenwillig in ihrem Wachstum und daher leicht zu erkennen. Ihr Holz ist äußerst hart und widerstandsfähig. Die Hainbuche ist der „Eisenbaum“, dem fast nichts etwas anhaben kann. Sind auch Sie robust und unempfindlich gegen äußere Beeinflussung, wenn es darum geht Ihre Interessen zu verteidigen? Halten Sie an Ihren Überzeugungen fest, auch wenn scheinbar alles gegen sie spricht? Bewahren Sie sich Ihre Individualität.

Welche Kräfte der Hainbuche nutzen Sie?

- Sind Sie beharrlich, wenn es um Ihre Interessen geht?
- Suchen Sie neue Wege, um ans Ziel zu gelangen?
- Arbeiten Sie beständig an Ihrer Weiterentwicklung?

So können Sie Ihre Kräfte und Fähigkeiten besser nutzen!

- Geben Sie einmal nicht nach.
- Probieren Sie eine neue Strategie, um ans Ziel zu gelangen.
- Entfalten Sie sich völlig frei, indem Sie für sich selbst täglich eine positive Formel entwickeln.

Der Feigenbaum

Einklang, Frieden, Wohlstand

Frieden und Kraft findet man in der Natur. Einklang und Zufriedenheit haben ihre Wurzeln in persönlichem Wohlbehagen und reiner Gesundheit. Freude und Erfüllung in der Partnerschaft und wohltuende Liebe bringen Glück. Diese glücklichen Konstellationen bewirken Einklang, eigene Zufriedenheit und Seelenfrieden. Ein guter Boden ist geschaffen um im Einklang mit sich selbst und seiner Mitwelt zu leben und sich im alltäglichen Leben fest zu verwurzeln. Durch die Befreiung von Unglück können Sie ein gesichertes und ruhiges Leben führen.

Der Feigenbaum ist eine sehr alte Kulturpflanze. Er gilt in vielen Kulturen als ehrwürdiger heiliger Baum. In der Bibel wird er als erste Pflanze genannt. Alle Religionen und Völker kennen diesen heiligen Baum. In Indien ist er das heiligste buddhistische Symbol, denn unter diesem Baum wurde Buddha geboren und erlangte seine Erleuchtung. Er enträtselte im Einklang mit der Natur den Kreislauf von Leben und Tod, erkannte sich selbst und entdeckte den Weg, der aus dem Leiden führt. Seine dogmenfreie Lehre lebt bis heute weiter. Leben Sie im Einklang mit der Natur? Verbinden Sie wie die Kelten mit den Bäumen die Vorstellung von einem langen und gesunden Leben und der Unendlichkeit des Lebens? Achten Sie das Wesen der Bäume und Pflanzen? Feigenbäume erkennt man unverwechselbar an ihren handförmigen, rundlichen Blättern. Die Heilkräfte ihrer Früchte wurden bereits im Altertum hoch gelobt. Sie haben unter anderem einen hohen Gehalt an den Vitaminen A, C und B. Nur aus dem zweiten von drei Blütenständen gehen essbare Feigen hervor. Die erste und dritte Blüte dienen der Fortpflanzung durch die Feigengallwespe. Übertragen Sie diese Eigenheit des Feigenbaums auf Ihr Leben. Teilen Sie es in sinnvolle Abschnitte ein, um Wohlstand und geistigen Reichtum zu erlangen.

Welche Kräfte des Feigenbaums nutzen Sie?

- Leben Sie im Einklang mit der Natur?
- Führen Sie ein friedvolles, harmonisches Leben?
- Teilen Sie Ihre Kräfte und Mittel sinnvoll ein?

So können Sie Ihre Kräfte und Fähigkeiten besser nutzen!

- Lernen Sie das immerwährende Wunder der Natur zu erleben, indem Sie sich öfter in der Natur bewegen.
- Trennen Sie sich von Ruhestörern.
- Machen Sie einen persönlichen Finanzplan.

Die Birke

Licht, Stille

Licht birgt unschätzbares Urvertrauen und bewirkt klares, unbeschwertes Denken. Es befreit von der Düsterkeit unfreundlicher Gedanken und fördert das Leben. Die Sonne erstrahlt immer wieder neu und ihre Wärme heilt alle Wunden. Son-

nenlicht ist das Licht des Lebens. Es ist immer da – auch im Dunkeln und erinnert daran, dass nach dunklen auch wieder helle Zeiten erscheinen. In ungetrübtem Licht wachsen unbeschwerte, leichte Gedanken. Daraus entwickelt sich neues kraftvolles Leben. Die guten Seiten des Lebens erscheinen.

Die Birke ist der Baum des Leben spendenden Lichts und der Stille. Ihre zarte Schönheit birgt unbeschwerte Lebenskraft. Übernehmen Sie diese Unbeschwertheit und freuen Sie sich des Lebens. Die Birke symbolisiert den Ursprung und Anfang allen Lebens. Sie öffnet im Frühling als einer der ersten Bäume ihre Knospen und verkündet das Ende der dunklen Zeit. Mit ihr strahlt die Sonne Wärme und Zuversicht in die Herzen. Sind Sie frei von dunklen und düsteren Gedanken, die Sie belasten? Es kann wichtig sein einmal darüber nachzudenken, welche Meinungen und Gedanken Ihr Leben bestimmen. Die Birke ist außerordentlich lichtbedürftig. Nutzen auch Sie die Kraft des Lichts zum Aufbau einer positiven Lebenseinstellung. Gehen Sie ruhig und heiter durchs Leben. Aktive Unternehmungen mit Freunden und dem Partner bringen und erhalten die positive Lebensfreude sowie das nötige Vertrauen in sich und die Mitmenschen. Dennoch sollten auch Sie egoistisch genug sein, um sich die eigene Identität zu bewahren und Ihre eigenen Interessen weiter verwirklichen. So erfahren Sie an sich selbst die heilende Wirkung des Lichts.

Welche Kräfte der Birke nutzen Sie?

- Können Sie düstere Gedanken fernhalten?
- Lassen Sie Ihr Leben von fremden Meinungen bestimmen?
- Tun Sie etwas für Ihre positive, helle Lebenseinstellung?

So können Sie Ihre Kräfte und Fähigkeiten besser nutzen!

- Gehen Sie bei Sonnenschein auch mal im Wald spazieren.
- Meiden Sie negative Gedanken und Menschen.
- Lachen Sie jeden Tag.

Der Apfelbaum

Liebe, Erkenntnis, Werte

Liebe ist ohne Anspruch und jegliche Erwartung. Sie ist bedingungslos und man kann mit ihr zu einem erfüllt gestalteten Leben finden. Geteilte Freude wird zum Geschenk. Die spontane unvorhersehbare Veränderung gestaltet das Leben. Die Liebe ist immerwährend wie das Leben selbst. Sie ist die geheimnisvolle Verbindung zu einer anderen faszinierenden Welt, ein Zeichen des Lebens – des Ewigen. Durch die Liebe erschließen sich eigene Verantwortung und Mitgefühl für die Mitwelt. Das Wesen der unendlichen Liebe erscheint.

Für die Kelten war der Apfelbaum das Symbol der Vollendung, gleichzeitig aber auch das Zeichen der Liebe, des Lebens und der Unsterblichkeit. In diesem Sinne dienten seine Äpfel ihren Helden als einzige Nahrung auf ihrer Suche nach Vollendung. Häufig verbanden sie den Apfelbaum auch mit der „Anderswelt". Auf Avalon, der Apfelinsel, findet Artus der Sage nach seine letzte Ruhestätte. Der Apfelbaum ist eher unscheinbar und dennoch sehr robust. Als Baum der Erkenntnis von Gut und Böse ging er in die allgemeine Menschheitsgeschichte ein. Seine Paradiesfrucht, der Apfel, ist bis heute das Symbol der Liebe. Durch die Liebe wird das Tor zu neuen Welten geöffnet. Sind Sie auf der Suche nach dieser Türe zum Herzen eines geliebten Menschen? Entdecken Sie immer wieder neue Welten und Möglichkeiten mit Ihrem Partner / Ihrer Partnerin? Der Apfel zählt zu den wertvollsten Früchten der Erde. Ist Ihr Partner/ Ihre Partnerin für Sie auch das Wertvollste in dieser Welt? Die Liebe ist immerwährend und öffnet das Tor zum ewigen Leben.

Welche Kräfte des Apfelbaums nutzen Sie?

- Lieben Sie jemanden?
- Gibt es jemanden, der Sie liebt?
- Teilen Sie Ihr Leben mit Freunden?

So können Sie Ihre Kräfte und Fähigkeiten besser nutzen!

- Zeigen Sie Ihre Zuneigung ohne Erwartung.
- Schenken Sie Ihrem Partner / Ihrer Partnerin etwas, an dem Ihr Herz hängt.
- Laden Sie Ihre Freunde zu einem besonderen Erlebnis ein.

Die Tanne

Weitsicht, Bestimmung, Heilkräfte

Überblick und Weitsicht kann man sich durch einen Blick von „oben“, etwa vom Wipfel der Tanne aus verschaffen. Ein Blick in die Zukunft kann bewährte Kräfte und Fähigkeiten weiter wachsen lassen. Hier liegen die Wurzeln des Morgen. Die Gestaltung der Gegenwart mit Hilfe der eigenen Autorität sowie die Heilung durch Selbstreinigung und Reflexion der Vergangenheit sind nötig. Überprüfen Sie die Auswirkungen von Vergangenem auf Gegenwart und Zukunft und beurteilen Sie Sachverhalte mit Übersicht und Distanz. Im Hier und Jetzt ist es möglich sich für neue Richtungen zu entscheiden.

Tannen sind die Baumriesen in unseren Wäldern. Sie überragen alle anderen Bäume und werden sehr alt. Verschaffen Sie sich einen Überblick über Ihr Leben. Betrachten Sie Ihr Tun in Vergangenheit, Gegenwart und Zukunft von ganz weit oben.

Tannen befreien sich von ihren abgestorbenen Ästen, indem sie diesen alten Energieverbraucher mit der Zeit einfach abfallen lassen. Können Sie sich auch von Abgestorbenem lösen? Oder versuchen Sie Dinge weiter zu beleben, obwohl Sie wissen, dass nichts mehr zu machen ist? Reinigen Sie Ihre Gedanken, indem Sie sich Ihren Sieg über die Vergangenheit in der Zukunft vorstellen. Finden Sie in der Gegenwart Ihr Gleichgewicht in jeder Beziehung: in Partnerschaft, Beruf oder Liebe, kurz in Ihrem gesamten Leben. Und sollten Sie einmal erschöpft vom Kampf des Lebens sein, dann bringt ein Bad mit wohlriechenden Tannennadeln Ihre Kräfte wieder zurück.

Welche Kräfte der Tanne nutzen Sie?

- Treffen Sie Ihre Entscheidungen mit Weitsicht?
- Lösen Sie sich von Abgestorbenem?
- Befinden Sie sich im seelischen Gleichgewicht?

So können Sie Ihre Kräfte und Fähigkeiten besser nutzen!

- Betrachten Sie Ihr Leben aus der Baumperspektive!
- Trennen Sie sich von überflüssigen Dingen und schlechten Menschen!
- Seien Sie gut zu sich selbst. Gönnen Sie sich Wohlbefinden.

Die Ulme

Erwachen, Entschlossenheit

Wie der Frühling, so erwacht das eigene Bewusstsein. Der Realität sollten Sie jetzt ins Auge schauen. Unrealistische, zu große Hoffnungen und Erwartungen verhindern ein bewusstes Wahrnehmen der momentanen Situation. Die Übernahme der Verantwortung für das eigene Tun sowie aktives Handeln mit Vernunft und Verstand sind gefordert. Konfrontation mit fester Entschlossenheit bringt die nötige Klarheit, Vermutungen und Möglichkeiten müssen erst bestätigt werden. Ehrlichkeit zu sich selbst ist erforderlich. Entschlossenes Bemühen findet seine Erfüllung im Erreichen der Ziele und Wünsche.

Die Ulme galt lange Zeit als Glücksbringer für Gesundheit und Fruchtbarkeit. Bis weit in die Antike geht der Brauch zurück, Bäume wie die Ulme als Festbaum zu schmücken. Auch die Kelten kannten ihn. Für sie symbolisierte er den Frühling und das Erwachen der Natur. Nehmen Sie das wunderbare Erwachen der Natur noch wahr? Prüfen Sie, in wie weit Sie Ihre derzeitige Situation realistisch einschätzen. Vielleicht bringen Ihnen solche Überlegungen Glück und Gesundheit. Denn Glück brachte die charismatische Ulme auch den Menschen Amerikas: Als Freiheitsbaum ging sie in die amerikanische Geschichte ein. Durch aktives Handeln mit Vernunft und Verstand hatten die Menschen damals sich von einengenden Dogmen befreit. Konfrontation mit fester Entschlossenheit bringt die nötige Klarheit. Wie der Frühling erwacht so das eigene Bewusstsein, und wir übernehmen Verantwortung für das eigene Tun.

Welche Kräfte der Ulme nutzen Sie ?

- Schätzen Sie entscheidende Situationen realistisch ein?
- Handeln Sie nach vernünftiger Überlegung sofort und fest entschlossen?
- Übernehmen Sie Verantwortung für Ihr Handeln?

So können Sie Ihre Kräfte und Fähigkeiten besser nutzen!

- Überprüfen Sie einmal, „wie" Sie die Dinge sehen.
- Handeln Sie in einer Situation schnell und ohne zu zögern.
- Nehmen Sie einmal ein Projekt selbst in die Hand.

Die Zypresse

Ewigkeit, Aufbruch, Entdecken

Die Zypresse ist das Symbol der Ewigkeit – des irdisch Vergänglichen. Beim Aufbruch in neue Welten sollten Sie alles Alte hinter sich lassen und den Gram über Trauer, Enttäuschung und Misserfolge meistern. Wenn Sie sich bisher Unbekanntem, Fremdem und vermeintlich Unüberwindbarem stellen, können Sie den Zauber des Neuentdeckten erleben. Entdecken Sie bewährte, eventuell vernachlässigte Wege wieder neu, so erhalten Sie eine Chance zur Veränderung.

Wegen ihrer immergrünen Erscheinung wird die Zypresse auch Lebensbaum genannt. Ihr Holz duftet und ist dauerhaft, wie der Baum selbst. Dieser Lebensbaum gestaltet mit seiner pyramidenförmigen, schlanken Erscheinung das charakteristische Antlitz der Toskana. Welche Lebenseinstellung prägt Ihr Leben? Ist sie dauerhaft und verflüchtigt sie sich zugleich im Äther der Zeit wie der Duft der Zypresse?

Findet in ihr die Ewigkeit Platz, wie die Jahrhunderte alt werdende Zypresse? Die Römer weihten diesen immergrünen Baum ihrem Totengott Pluto. Die Zypresse symbolisiert den Aufbruch in neue Welten – das irdisch Vergängliche zeigt sich. Sind Sie bereit gegen Irrtum und Ungerechtigkeit in Ihrem Leben zu kämpfen, um auf dem guten Weg zu bleiben? Entdecken Sie bewährte Fähigkeiten wieder neu. Bleiben Sie, wie Zypressenholz, dauerhaft in Ihrem Streben.

Welche Kräfte der Zypresse nutzen Sie?

- Sind Sie sich Ihrer Einstellung zum Leben bewusst?
- Können Sie sich von Vergangenem verabschieden?
- Nutzen Sie in Ihrem Leben bewährte Fähigkeiten?

So können Sie Ihre Kräfte und Fähigkeiten besser nutzen!

- Erzählen Sie jemandem, wie Sie über das Leben denken.
- Verabschieden Sie sich bewusst von Menschen, deren Umgang für Sie nicht förderlich ist.
- Vertrauen Sie Ihren Fähigkeiten und fördern Sie diese!

Die Zeder

Mysterium, Veränderung, Botschaft

Der Gedanke, der Form annimmt, wird Realität. Alte Gedanken verfallen zu Humus, aus dem eine neue Welt, eine neue Sicht entsteht. Der in uns schlummernde Same für ein neues anderes Denken erwacht, unabhängig von Ort und Zeit. Das wahre Wesen des Bewusstseins macht die Erforschung des Mysteriums möglich. Die beständige Veränderung bringt die Sicherheit, von Altem loszulassen. Dies ist Ihr Antrieb ein neues, sich ständig vollendendes Wesen zu werden.

Die älteste Dichtung der Menschheit, der Gilgamesch Epos, erzählt von einem heiligen Baum – einer mächtigen Zeder. Sie wurde so sehr verehrt, dass Enkidu, der in der Sage die Zeder fällt, seinen Baumfrevel mit dem Leben bezahlen muss. Zedern gehören zu den ältesten Bäumen und erreichen das erhabene Alter von 1000 Jahren. Haben Sie schon einmal das Leben eines Baumes oder einer Pflanze unnötig ausgelöscht? Wie hoch angesehen sind bei Ihnen Bäume? Den Kelten waren diese größten Pflanzen der Erde, wie zum Beispiel die Eiche und ihre darauf wachsende Mistel, nahezu fast alle heilig. Stets symbolisieren auserwählte Bäume für das jeweilige Volk die immerwährende Regeneration des Lebendigen. Sie stehen symbolisch für das Mysterium des Lebens. Erforschen Sie das Geheimnis der Natur und des Lebens? Das in Ihnen schlummernde neue Denken will geweckt werden. Im Altertum war die Zeder besonders wegen ihres wohl riechenden Öls sehr beliebt. Wie Sie wissen, kommunizieren Bäume und Pflanzen über Duftstoffe miteinander. Folgen Sie dem Duft der Zeder und entwickeln Sie auf Ihrer Wanderung ins Ich ein Feingefühl für ihre Botschaft. Machen Sie sich die wertvollen Chancen bewusst, die sich durch mögliche Veränderungen ergeben würden. Nehmen Sie diese Hinweise des großen Mysteriums als Aufforderung zum Handeln wahr.

Welche Kräfte der Zeder nutzen Sie?

- Sind Ihnen Bäume und Pflanzen heilig?
- Sind Sie offen für Veränderungen?
- Nehmen Sie die Chancen zur Veränderung wahr?

So können Sie Ihre Kräfte und Fähigkeiten besser nutzen!

- Pflanzen Sie einen Baum, um das Mysterium zu erleben.
- Hören und sehen Sie die für Sie gedachten Hinweise!
- Handeln Sie und werden Sie ein Teil des Geschehens.

Die Kiefer

Genügsamkeit, Anspruchslosigkeit, Geduld

Die immergrüne Kiefer gibt sich mit dem Geringsten und Wenigsten zufrieden. Versuchen Sie, ihr darin zu folgen. Außerdem ist es erforderlich alle Ansprüche und Bedürfnisse auf das Minimalste zu reduzieren, um die Sicht auf das Wesentliche, das erhaltende Prinzip zu erlangen. Überprüfen Sie , inwieweit die eigenen Ansprüche und Erwartungen realistisch sind. Von wem können oder sollen sie erfüllt werden? Wem oder welcher Sache nutzen sie? Bescheidenheit und Enthaltsamkeit ist zeitweise unumgänglich. Durch Selbstüberwindung erschließt sich eine Reinigung, Läuterung der Gedanken und eine Besinnung auf den Lebenssinn. Aus der Demut entspringt Zufriedenheit.

Die Kiefer ist der Baum der absoluten Anspruchslosigkeit. Manche Arten wachsen auf Felsen und begnügen sich mit den wenigen Nährstoffen, die sich in den Felsspalten sammeln. Durch ihre enorme Anpassungsfähigkeit ist es ihr möglich, trotz des kargen Daseins meist mehrere hundert Jahre alt zu werden. Dem „Baum des Lichts“, wie die Kelten die Kiefer nannten, ist es trotz seiner Genügsamkeit möglich, uns wertvolles Harz für die verschiedensten Anwendungen zu spenden. Überprüfen Sie, inwieweit Ihre eigenen Ansprüche und Erwartungen realistisch und angemessen sind. Wem oder welcher Sache nutzen sie? Es kann erforderlich sein alle Ansprüche und Bedürfnisse auf das Minimalste zu reduzieren, um die Sicht auf das Wesentliche, das erhaltende Prinzip zu erlangen. Bescheidenheit und Enthaltsamkeit sind manchmal unumgänglich. Ist es möglich, dass auch in Ihnen die außergewöhnliche Gabe der Genügsamkeit schlummert? Sind Sie bereit sich von gesellschaftlichem Ballast zu befreien, um bei einem Waldspaziergang das Wunder der Natur zu entdecken?

Welche Kräfte der Kiefer nutzen Sie?

- Können Sie sich mit Wenigem begnügen?
- Prüfen Sie die Ansprüche an sich und Ihre Mitmenschen?
- Können Sie „Nein“ sagen?

So können Sie Ihre Käfte und Fähigkeiten besser nutzen!

- Fasten Sie, das reinigt den Körper von Giften.
- Üben Sie Enthaltsamkeit, um sich wieder an kleinen Dingen zu erfreuen. Finden Sie Zufriedenheit mit Vorhandenem und Erreichtem.
- Legen Sie eine TV-freie Zeit ein!

Die Weide

Vitalität, Flexibilität, Gesundheit

Vitalität bringt quellendes Leben, Stabilität und unvorstellbare Lebenskraft. Sie fördert die Fähigkeit alles in lebendige Energie zu verwandeln und eigene Ideen und Ziele in die Tat umzusetzen. Hier wirken unsere idealistischen inneren Kräfte. Sie versorgen uns mit der nötigen Energie um unsere Bestrebungen und Aktivitäten durchzuführen. Durch diese

antreibende, beschleunigende Kraft sind Widerstände von kurzer Dauer. Sie schützt vor negativen Einflüssen, und Auseinandersetzungen werden so gut überstanden.

Weiden wachsen unter allen Bäumen mit am schnellsten. Ihre enorme Vitalität macht es möglich, dass abgeschnittene Zweige in feuchter Erde sofort wurzeln können. Wie groß ist Ihre Vitalität? Machen Sie sich die Fähigkeit des Weidenbaumes zu nutze und schlagen Sie an einem Ihnen fremden Ort schnellstmöglich Wurzeln. Handeln Sie spontan und schnell und mit aller Energie, die Sie aufbringen können. Die sprichwörtliche Lebenskraft der Weiden finden wir auch bei der ökologisch so wertvollen Korbweide. Charakteristisch ist ihre Erscheinung an Bach- und Flussufern. Sie wird jährlich zurecht gestutzt und bildet dadurch über zwei Meter lange Ruten. Diese Zweige sind äußerst biegsam und flexibel und werden bis heute zur Herstellung von Korbwaren verwendet. Übertragen Sie die Flexibilität der Weiden in Ihr Leben. Handeln Sie in schwierigen Situationen einmal entgegen Ihren bisherigen Strategien und wenden Sie eine neue, andere Taktik an. So entwickeln Sie die nützliche Anpassungsfähigkeit der Weide. In der Antike wurden Weidenzweige auch zur Deutung der Zukunft benutzt.

Schlafen Sie gut? Die Heilkräfte der Weiden sind seit langem bekannt. So auch als Mittel gegen Schlaflosigkeit.

Welche Kräfte der Weide nutzen Sie?

- Sind Sie körperlich und geistig fit?
- Handeln Sie immer nach den gleichen Verhaltensmustern?
- Achten Sie auf Ihre Gesundheit? Schlafen Sie zuviel?

So können Sie Ihre Kräfte und Fähigkeiten besser nutzen!

- Nutzen Sie die heilende und reinigende Kraft des Wassers. Trinken Sie viel und trainieren Sie Ihre Gehirnzellen.
- Unterbrechen Sie Ihre Verhaltensmuster, indem Sie in wiederkehrenden Situationen etwas völlig anderes tun.
- Finden Sie einen neuen Schlafrhythmus.

Die Linde

Geselligkeit, Wahrheitsfindung, Harmonie

Die Linde ist ein uraltes Symbol der Geselligkeit und des Rechts. Durch Geselligkeit entdecken Sie neue Welten und überraschende Visionen. Harmonie entsteht durch gemeinsames Teilen. Das lebenserhaltende Prinzip der Natur erscheint. Eine Überprüfung der Mitwelt ist erforderlich. Welchen Einfluss hat das Umfeld auf die derzeitige Situation? Eine Selbstreflexion bringt Klarheit. Sachverhalte sollten Sie mit Übersicht und Distanz beurteilen, denn im Mittelpunkt steht das eigene Handeln. Entscheidungen sollten aus gewonnener Erkenntnis gefällt werden. Inneren Frieden können Sie durch akzeptable Lösungen und ungewöhnliche Regelungen finden.

Die Linde ist ein Symbol der Geselligkeit. Sie war der germanische Friedensbaum, Beschützerin des Lebens und der Liebe. Unter ihr trafen und treffen sich bis heute die Menschen zu Tanz, Fest und Gespräch. In ihre Rinde ritzen die Verliebten aller Jahrhunderte den Treueschwur und damit den Wunsch nach Beständigkeit ihrer Liebe in Form von

Herzen. Der süßliche Duft der Linde verbreitet sich weithin. Unter ihr sprachen Kelten und Germanen Recht und wurden Urteile gefällt. Durch die ihr zugesprochenen Weissagungs- und Heilkräfte, so glaubte man, würde die Wahrheit ans Licht kommen.

Welchen Einfluss haben Ihre Mitmenschen auf Ihre derzeitige Situation? Manchmal ist ein Überprüfen der Mitwelt erforderlich. Selbstreflexion bringt eine klare Sicht auf die Dinge. Durch Übersicht und Distanz und Gespräche mit Freunden können Sachverhalte besser beurteilt werden. Recht und Unrecht werden erkannt. Die unbestechliche Wahrheit erscheint. Im Mittelpunkt steht nun das eigene Handeln. Treffen Sie Ihre Entscheidungen aus selbst gewonnener Erkenntnis? Legen Sie Streit durch klare Definition der Erwartungen und Entschlossenheit bei? Geselligkeit schafft die Basis für neue Orientierung und überraschend neue Rückschlüsse. Harmonie entsteht durch gemeinsames Teilen, innerer Friede durch akzeptable Lösung und machbare Regelung.

Welche Kräfte der Linde nutzen Sie?

- Können Sie mit Freunden gesellig sein?
- Überprüfen Sie Ihre Erwartungen an Ihre Mitmenschen?
- Treffen Sie Entscheidungen zugunsten der Harmonie und des Friedens?

So können Sie Ihre Kräfte und Fähigkeiten besser nutzen!

- Gehen Sie wieder mal mit Freunden aus.
- Lindern Sie Streit, indem Sie sich auch einmal zugunsten des Kontrahenten entscheiden.
- Vertrauen Sie einem Mitmenschen Ihr Leben an.

Der Ölbaum

Dauerhaftigkeit, Erkenntnis, Weisheit

In der Dauerhaftigkeit liegt das Geheimnis der Erfüllung verborgen. Durch sie werden beständige Vorhaben sicher gelingen. Hindernisse und Probleme verwandeln sich in bestärkende Herausforderungen, dadurch sind sie den Vorhaben zuträglich. Man sollte zuversichtlich den Lauf der Dinge auf lange Sicht betrachten, um Kraft für lohnendes Durchhalten zu finden. Die reifen Früchte dauerhaften Strebens sind dann sicher zu ernten. Durch vorzeitige Aufgabe bleibt die Erkenntnis des Augenblicks verborgen.

Zahlreiche Überlieferungen nennen den Olivenbaum „Vater des Feuers", wegen seines Öls, das er liefert. Verbrennen Sie mit der Kraft des Ölbaums all die alten Dinge, die Sie belasteten, um die unbeschwerten Freuden des Lebens zu erfahren. In Italien liegt ein kleines Dorf, in dem die Menschen überdurchschnittlich alt werden. Sie verdanken es dem Olivenöl, das sie zur Zubereitung ihrer Nahrung verwenden. Achten Sie auf Ihre Gesundheit?

Vor allem aber als Quelle des Lichts symbolisiert der Ölbaum auch geistige Stärke und Erkenntnis. Sein ehrwürdiges Alter lässt ihn zum Symbol der Dauerhaftigkeit werden. Wenn es Ihnen gelingt, diese Gabe ihn Ihr Leben zu übertragen, glücken Ihnen alle Vorhaben. In einigen Glaubensrichtungen ist der Olivenbaum der Weltenbaum, Zentrum und Stützpfeiler der Welt. Nutzen Sie sein Wesen als Ruhepunkt für Ihr Leben. In der Antike waren in Griechenland die Olivenbäume geschützt. Sie zu fällen oder zu verbrennen wurde als Verbrechen geahndet. Für Neugeborene hängten die Griechen einen Kranz aus Olivenzweigen an die Haustür, um sie vor Dämonen zu schützen. Lassen Sie sich von Ihren Zielen und Träumen durch böse und schlechte Beeinflussungen abhalten? Geben Sie eventuell manchmal zu früh auf? Ernten Sie die Früchte Ihres Strebens. Dann erschließt sich Ihnen die Dauerhaftigkeit und Weisheit.

Welche Kräfte des Ölbaums nutzen Sie?

- Sind Sie befreit von alten Belastungen?
- Bringen Sie Ihre Vorhaben zum Abschluss und Erfolg?
- Achten Sie auf Ihre Gesundheit?

So können Sie Ihre Kräfte und Fähigkeiten besser nutzen!

- Verbrennen Sie alle alten negativen Gedanken.
- Ziehen Sie ein Projekt bewusst von Anfang bis Ende durch.
- Verzichten Sie einmal auf alles Fett und benutzen Sie statt dessen nur Olivenöl!

Die Buche

Geheimnis, Rätsel

Die Buche steht für unbewusste Kräfte und Energien und das momentan Unbeantwortete. Geheimnisvolle Kräfte wirken ohne Zutun und erzeugen unerklärliche Zufälle. Es geschehen rätselhafte Dinge. Nicht nachvollziehbare Begebenheiten nehmen Einfluss auf unser Tun. Wichtige Fragen finden eine überraschende Antwort. Achten Sie auf Vorahnungen und Ihre Intuition. Vertrauen Sie in Vorsehung und Inspiration. Entscheidend ist die geistige Führerschaft, sowie Glauben und Vertrauen in verborgene, unentdeckte Kräfte.

Früher war die Buche in den Wäldern Mitteleuropas der vorherrschende Baum und bestimmte das Landschaftsbild. Die Buche steht für unbewusste Kräfte und Energien. Nutzen Sie diesen Hinweis und entdecken Sie Ihre verborgenen, vernachlässigten Fähigkeiten wieder. Manchmal geschehen Dinge, die wir als Zufall bezeichnen. Sind es nicht doch geheimnisvolle Kräfte, die ohne unser Zutun aufgrund unserer Wünsche und Träume wirken?
Wie oft geschehen Ihnen Dinge, die Sie sich nicht erklären können? Finden wichtige Fragen nicht auch durch eigenartige Zufälle oftmals eine überraschende Antwort? Wenn Sie einmal in einem Buchenwald mit diesem Wissen spazieren gehen, erschließt sich Ihnen vielleicht das Geheimnis dieser geradlinigen, mächtigen Baumriesen.

Ihr charakteristisches Erscheinungsbild ist die markant glatte, silbrige Rinde. Vertrauen Sie sich einer Buche an und finden Sie Zugang zu ihrem Wesen. Vielleicht löst sich dann auch das Rätsel über Sie selbst. Vertrauen Sie den in Ihnen schlummernden, noch unentdeckten Kräften.

Welche Kräfte der Buche nutzen Sie?

- Können Sie sich mit Ihren inneren Kräften anfreunden?
- Vertrauen Sie auf Ihre Intuition?
- Vertrauen Sie Ihrem Partner / Ihrer Partnerin?

So können Sie Ihre Kräfte und Fähigkeiten besser nutzen!

- Ziehen Sie sich zurück und finden Sie Zugang zu Ihren inneren Kräften.
- Handeln Sie in schwierigen Situationen nach Gefühl.
- Vertrauen Sie Ihrem Partner, indem Sie einmal etwas ganz gegen Ihre Gewohnheit tun.

Das Vergangene

Saat

Das Zurückliegende ist nicht mehr zu ändern. Vergangenes muss sich nicht wiederholen. In der Vergangenheit aber liegen die Wurzeln der Standhaftigkeit und Beständigkeit. Einmal getroffene Entscheidungen können aus der Gegenwart betrachtet und beurteilt werden. Die Erkenntnis über das Vergangene gewährt unverhofftes, kräftiges Wachstum und weitere vitale Entwicklung. Geduldig die Vergänglichkeit der Zeit zu betrachten ist sinnvoll.

„Es irrt der Mensch, solang er strebt", diese Worte lässt Goethe Faust sprechen. Das Fatale ist jedoch, dass bei allem gut gemeinten Streben der Irrtum erst in der Gegenwart sichtbar wird. Die Vergangenheit ist unabänderlich und gewesen. Alles noch eben mit Leben erfüllte ist unwiederbringlich – mitgerissen im Strom der Zeit. Einzig die Erinnerung bleibt. Was heute geschieht, ist morgen schon Vergangenheit. So gesehen leben wir in einem ständigen möglichen Irrtum.

Dürfen Sie sich deshalb keine Fehler erlauben? Wie soll man Fehler vermeiden, wenn doch unser Streben die Vollkommenheit ist? Wenn wir uns weiter entwickeln und fortschreiten wollen in eine bessere Zukunft, dann lassen sich Fehler nicht vermeiden. Man muss also den Irrtum wagen, um weiter voran zur Erkenntnis zu gelangen. Nur lernen sollte man aus der Vergangenheit, denn sie verschwimmt nicht unbestimmbar. Sie ist die Ursache unseres Handelns und all unsere Erfahrung.

Was können Sie aus der Vergangenheit lernen?

- Können Sie sich einen Irrtum eingestehen?
- Versuchen Sie die Vergangenheit wieder zu beleben?
- Lernen Sie aus Ihrer Vergangenheit?

So können Sie Ihre Kräfte und Fähigkeiten besser nutzen!

- Geben Sie einen Irrtum oder Fehler öffentlich zu.
- Schließen Sie mit der Vergangenheit ab.
- Wenden Sie Erfahrung an, statt verwendet zu werden!

Der Augenblick

Handeln

Man verweilt im Hier und Jetzt und genießt den Augenblick durch aktives Handeln. Alle Möglichkeiten liegen im Augenblick. Hier eröffnet sich die Selbstbestimmung des Lebens. Man kann Entscheidungen auf Grund eigener Wünsche und selbst definierter Ziele treffen und so alles Alte hinter sich lassen und die Leichtigkeit des Vergangenen erkennen.

Was ist der Augenblick? Ist er die Möglichkeit des Menschen in das Geschehen des Lebens einzugreifen? Welcher Baum ist der Lebensbaum? Welcher Baum verkörpert die Eingebung des Augenblicks, welcher Wissen und Schutz? Der Lebensbaum ist ein Begleiter durchs Leben. Möchten Sie auch so stark, so unendlich geduldig und unvorstellbar alt wie ein Baum werden? Verweilen Sie im Augenblick. Er ist so kurz und doch dauert er ein Leben lang. Können Sie ihm entrinnen? Können Sie Ihre Fehler aus der Vergangenheit eingestehen und in der Gegenwart bei neuen Entscheidungen vermeiden? Es ist die Chance des Augenblicks, kühlen Kopf zu bewahren, um die Situation richtig zu beurteilen. Die lang gehegte Idee ist nun bereit, unbeirrt und tatkräftig in die Wirklichkeit getaucht zu werden. Und so sind Sie ein Teil des Geschehens, des unendlichen Augenblicks. Die Kelten befragten mit Hilfe von Hölzern ihre Orakel. Sie wollten wissen, wie sie handeln sollten, denn sie waren sich ihrer Verantwortung für die Natur bewusst. Übernehmen auch Sie die Verantwortung für Ihr Tun und Ihr Leben. Jetzt! Die Zukunft beginnt im Augenblick!

Was können Sie aus der Gegenwart lernen?

- Nutzen Sie die Chancen des Augenblicks?
- Verwirklichen Sie Ihre Vorsätze oder sind Sie bequem?
- Sind immer die anderen schuld?

So können Sie Ihre Kräfte und Fähigkeiten besser nutzen!

- Handeln Sie nach Ihrem Gefühl.
- Bleiben Sie bei einer schweren Entscheidung konsequent.
- Übernehmen Sie die Verantwortung für Ihr Leben.

Die Vision

Zuversicht

Zuversicht: Ziele, Hoffnungen, Wünsche können sich erfüllen. Alles kann sich verändern. Durch Veränderung entsteht eine lebendige Energie. Nichts muss bleiben, wie es ist. Aus dem Dunkel erhellt Zuversicht das Leben. Das Prinzip der Hoffnung und Vision erschließt sich. Man erwartet das Beste, sollte aber selbst auch versuchen dieses zu geben. Die kommende Zeit ist ein Geschenk des Lebens. Es gilt, die Zukunft als Gegenwart zu erkennen und mit dem Einfachsten zu

bewältigen. Die Mystik des unerklärbaren, sich manifestierenden Gedankens sollte man sich bewusst machen.

Haben Sie jemals einen Baum im Winter genau betrachtet, seine dürren, kahlen Äste gemustert, seine ganze trost- und blattlose Erscheinung in diesem Moment der Kälte wahrgenommen? In dieser Zeit lässt er keine Hoffnung mehr zu, bietet dieser Anblick keinen Trost, nur noch den scheinbaren Tod. Haben Sie sich in diesem Moment gefragt, ob dieser Baum jemals wieder grüne Blätter tragen, in seiner unvergleichlichen Pracht blühen und Früchte tragen wird?

Und doch – im Frühjahr mit den ersten warmen Sonnenstrahlen geschieht das Wunder: Zarte blassgrüne Spitzen erscheinen und innerhalb weniger Tage entfaltet der Baum seine ganze einzigartige Pracht. Das ist die Zukunft, die in ihm wohnt! Die Zukunft verhüllt sich im Morgen. Durch einen feinen Schleier unserer Vorstellung hindurch können wir sie erahnen, in schemenhaften Umrissen erkennen. Im Augenblick wird sie gestaltet, um im Morgen geboren zu werden. Die Zukunft beginnt im Augenblick! Durch Ihr Handeln und Nichthandeln sind Sie selbst an allen Vorgängen des Lebens beteiligt und erfahren so an sich selbst, wie Sie die Dinge steuern können. Mit dieser Erkenntnis können Sie die kommende Zeit gestalten. Die Zukunft liegt nicht in den Sternen, sie liegt in Ihnen.

Was können Sie aus der Vision lernen?

- Welche Vision haben Sie für Ihr Leben?
- Haben Sie eine genaue Vorstellung davon, wie Ihr Leben in den nächsten Jahren verlaufen wird?
- Nutzen Sie Ihre Gestaltungsmöglichkeiten?

So können Sie Ihre Kräfte und Fähigkeiten besser nutzen!

- Halten Sie Ihre Visionen, Träume und Ziele schriftlich fest.
- Stellen Sie einen exakten Plan darüber auf, wie Sie Ihre Vorhaben verwirklichen wollen.
- Verändern Sie Ihre derzeitigen Lebensgewohnheiten. Verabschieden Sie sich von der Bequemlichkeit.

Quellenverzeichnis

Aas, Gregor und Andreas Riedmiller: Laubbäume. Gräfe und Unzer, München 1992.
Aeppli, Ernst: Der Traum und seine Deutung. Knaur Verlag, München 1998.
Baumgarten, Andreas: Träume und was sie bedeuten. Bassermann Verlag, Niedernhausen 1992.
Besser-Siegmund, Cora: Magic Words. Econ Verlag, Düsseldorf 1993.
Borgeest, Bernhard: Ein Baum und sein Land. Rowohlt Verlag, Reinbek 1997.
Bruyere, Rosalyn L.: Das Geheimnis der Chakras. Heyne, München 1998.
Bundesministerium für Ernährung, Landwirtschaft u. Forsten: Waldböden.
Bundesministerium für Ernährung, Landwirtschaft u. Forsten: Waldschadenbericht.
Bundesministerium für Ernährung, Landwirtschaft u. Forsten: Bundeswaldgesetz.
Cunliffe, Barry: Die Kelten und ihre Geschichte. Lübbe Verlag, Bergisch Gladbach 1980.
Dalai Lama XIV.: Das Buch der Freiheit. Lübbe Verlag, Bergisch Gladbach, 1990.
Hans Halfmeier: Das geheime Leben der Pflanzen. GEO, November 1999.
Eberhardt, Wiltrud: Der Baum in der Dichtung. Manuskript, Marburg 1984.
Grube, Klaus: Monddiät. Bassermann, Niedernhausen 1999.
Hammerle, Beatrix: Die Kraft des Mondes. Pinguin 1995.
Hawken, Paul: Der Zauber von Findhorn. Rowohlt Verlag, Reinbek 1985.
Hecker, Ulrich: Bäume und Sträucher. BLV, München 1989.
Heinz, Sabine: Symbole der Kelten. Schirner Verlag, Darmstadt 1997.
Hesse, Hermann: Bäume. Insel, Frankfurt am Main 1984.
HISCIA Haus der Mistel, Festband. Verein für Krebsforschung, CH-Arlesheim 1999.
James, Simon: Das Zeitalter der Kelten. Econ Verlag, Düsseldorf.

Kerner, Dagny und Imre Kerner: Der Ruf der Rose. Kiepenheuer Verlag, Köln 1994.
Köhnlechner, Manfred: Die Natur hilft. F.A. Herbig Verlagsbuchhandlung GmbH, München 1999.
Kremer, Bruno P.: Die Bäume Mitteleuropas. Kosmos Verlag, Stuttgart 1998.
Laudert, Doris: Mythos Baum. BLV, München 1999.
Lengyel, Lancelot: Das geheime Wissen der Kelten. Bauer, Freiburg/Brsg. 1997.
Lexikon der Superlative. Lexikothek, Bertelsmann, München 1998.
Marti, Kurt: Tagebuch mit Bäumen. Luchterhand Verlag, Darmstadt 1985.
Moorey, Teresa: The magic and mystery of trees. Hodder & Stoughton, London 1998.
Mütsch-Engel, Annemarie: Bäume lügen nicht. Verlag Bert Schlender, Göttingen 1985.
Murray, Liz und Colin: Das keltische Baumorakel. Hugendubel, München 1988.
Myrell, Schmandt, Voigt: Neues Denken, alte Geister. Falken Verlag, Niedernhausen 1987.
Wallrath, Bertram: Das echte keltische Baumhoroskop. Smaragd Verlag, Neuwied 1998.
WWF, Umweltstiftung WWF-Deutschland: Wald 1999.

Register

Umschlaggestaltung: Atelier Reichert, Stuttgart.
Fotografien: Bavaria Bildagentur, München (unterlegtes Motiv auf Buchumschlag, Kartenrückseiten und Orakelbrett); Martin Rügner, Bad Windsheim (Buchumschlag, kleine Motive oben rechts und links); Emanuel Gronau, Weilheim (Buchumschlag, kleines Motiv unten links) Roland Gerth, CH Thal (Buchumschlag, kleines Motiv unten rechts); IFA Time Space, München (Box).
Alle Zeichnungen: Johann-Christian Rost, Stuttgart.

Die Deutsche Bibliothek – CIP-Einheitsaufnahme
Ein Titelsatz für diese Publikation ist bei der Deutschen Bibliothek erhältlich.

© 2000, Franckh-Kosmos Verlags-GmbH & Co., Stuttgart
Alle Rechte vorbehalten
ISBN 3-440-08034-x
Redaktion: Angelika Throll-Keller, Sabine Fels
Grundlayout: Atelier Reichert, Stuttgart
Produktentwicklung / Satz: Martina Gronau
Herstellung: Heiderose Stetter
Printed in Czech Republic / Imprimé en République Tchèque
Druck und Bindung: Těšínská Tiskárna, a.s., Český Těšín

Informationen senden wir Ihnen gerne zu

Bücher · Kalender · Spiele · Experimentierkästen · CDs · Videos · Seminare

Natur · Garten & Zimmerpflanzen · Heimtiere · Pferde & Reiten · Astronomie · Angeln & Jagd · Eisenbahn & Nutzfahrzeuge · Kinder & Jugend

KOSMOS Postfach 106011
D-70049 Stuttgart
TELEFON +49 (0)711-2191-0
FAX +49 (0)711-2191-422
WEB www.kosmos.de
E-MAIL info@kosmos.de